先輩行員が説く

入行1年目の教科書

井村 清志 著

常に
仕事の目標を
持ち続けよう

近代セールス社

まえがき

金融機関への就職を検討されている方、金融機関に就職された方、皆さんは金融機関にどんなイメージを持っていますか？

金融機関のイメージとして代表的なものは「堅い」「安定している」「給料が高い」ということでしょうか。

時代によって多少変化しますが、今でもこのイメージは間違っていません。金融機関の主な業務はお金を扱うことですから、とにかく外部の信用が第一です。信用がない金融機関は社会では存在できません。そのため「堅く」業務を行い、プライベートの時間においても「堅く」過ごすことが求められます。

過去に金融機関が倒産した事例は複数ありますが、一般的には安定している業種です。平成の初めの頃、いわゆるバブル経済が破綻して金融危機に陥ったときに、政府は金融機関に公的資金を注入して経営の安定化を図りました。金融機関が破綻すると日本国内に計り知れない影響が出るため、国を挙げて支えたのです。

さらに、以前ほどではないにしても、金融機関の行職員の給与は一般に比べると高い水準にあります。

もっとも金融機関も特別な組織ではありません。一般の会社とまったく同じです。携わる業務内容こそ異なりますが、出世や人間関係などに変わりはありません。ですから、金融機関だからといって特に身構える必要はないのです。

お金は命の次の大事だとよく言われますが、金融機関で働くことは、私たち個人や会社にとって極めて重要なものを取り扱うことです。私たちが行う業務は、社会においてとても高い位置付けの事柄に携わっているのです。

このような金融機関で働くことに高い自信と誇りを持ってください。皆さんが担当するのは、多くの時間を割く価値のある業務なのです。

また、実にさまざまな人や会社との出会いもあります。

筆者は約30年前に金融機関に就職し現在に至っていますが、金融機関で働く選択をして本当に良かったと思っています。

読者の皆さんにもぜひ金融機関での業務を楽しみ、充実した時間を過ごしてください。金融機関で働くことは大変価値のあることです。

まだまだ筆者は現役です。一緒に充実した価値ある時間を過ごしましょう。

井村　清志

２０２１年　９月

もくじ

第2章●本部の仕事と支店の仕事

第3章●キャリアアップの実際

第4章●出世するということ

第5章●転勤と行内の人間関係

第6章●キーワードは「信頼」

第7章●簡単に辞めてはいけない

第8章●よくある質問への回答

はじめに　金融機関で働くメリット

金融機関で働くということ…。

金融機関での勤務には他の会社よりも有利と思われることがあります。そこで、まず銀行を中心とした金融機関で働くことのメリットを紹介します。

～給料が相対的に高い～

まず、金融機関の給与水準は一般的な業界よりも高いです。以前に比べると相対的に下がってきているかもしれませんが、それでもまだまだ高いのが現実です。もちろん賞与もきちんと支給されます。

では、実際はどうなのでしょうか。

最近の国税庁の資料によると、会社員の平均給与は次のとおりです。

・資本金2，000万円未満　男性517万円、女性258万円
・資本金2，000万円以上　男性732万円、女性334万円

そこで金融機関の平均給与ですが、直近の有価証券報告書によると、あるメガバンクは842万円となっています。一方、ある地方銀行では740万円です（全行職員の平均給与）。

この数字を見て皆さんはどう感じますか…。

「やっぱり高い」と思いますか？　それとも「それほどでもない」と思いますか？

また、福利厚生制度が充実しています。

具体的には、①住宅家賃補助、②社内預金制度、③共済会貸付制度、④企業年金制度、⑤休暇制度、⑥退職金制度などが設けられています。

世の中にはこれらの制度が整っていない会社は多くあります。この福利厚生制度を含めると、金融機関の待遇は高いレベルと言えます。他業態に転職すると必ずと言ってよいほど給料は下がり、福利厚生制度も貧弱になることが多いでしょう。

さらに給料水準だけでなく、収入が安定していることもメリットです。金融機関から転職を考えている人も、世の中の給与水準の実態を知って留まっている人が実はたくさんいると思います。

～休暇制度が充実している～

金融機関は忙しくて休暇が十分に取れないのでは…というイメージがあるかもしれませんが、休暇制度は相当充実しています。年間20日程度の有給休暇を必ず消化できるように、組織を上げて取得を促進しているところも少なくありません。それぞれの担当者がきちんと取れているかどうか、支店長などの管理職が把握することになっています。

部下が休暇を取りやすいように、支店長が率先して取ることさえあります。

さらに最近では、男性の育児休暇取得も声高に叫ばれており、対象となる男性行職員に管理職が「もっと育児休暇を取りなさい」と指導することもあります。

また勤続休暇といって、勤続15年とか20年とかの節目に1週間の連続休暇を取れるところもあります。そして休暇は一日単位だけでなく、半日ずつ2回、つまり午前休暇とか午後休暇などと弾力的に取得できる制度も設けられています。

取得には他の担当者との調整が必要な場合もありますが、基本的に自由に取ることができます。概ね年度の始まり、つまり4月頃に年間の休暇予定表を作成し、その予定にしたがって着実に取得するようなっています。

かつて、連続休暇は夏休みに合わせて7月、8月に取るものという慣習がありましたが、これも徐々になくなってきています。

さらには年末年始休暇です。担当業務にもよりますが、お客様を担当する職務の場合、お客様も年末年始は休んでいます。そのため、年末と年始に分けて休暇を取り、ゆっくりと年末年始を送ることができるように配慮されています。

〜カレンダー通りに勤務できる〜

一部の職種は除かれますが、金融機関の多くの担当者はカレンダー通りに勤務しています。したがって、土日や祝日は必ず休日になります。これは、家族や友人との予定が立てやすいという大きなメリットです。

出勤した場合は振り替えて休暇を取ることができます。先ほども述べたように休日出勤はありませんから、休日は十分プライベートの時間を確保することができます。

〜高い信頼が得られる〜

金融機関で働いているというだけで、周囲から高い信頼を得ることができます。

細かい話ですが、例えば賃貸住宅に入居を希望したときに、金融機関の行職員であれば入居が断られることはまずないでしょう。また、住宅ローンの申込みでは、勤務先が金融機関だと審査ポイントが上がるメリットもあります。

余談ですが、かつて筆者が外出先で警察の職務質問を受けた際、金融機関に勤務していることを明かすと、それだけで職務質問が打ち切られたことがあります。ですから、私たち金融機関の行職員は、社会からの信頼を裏切るようなことは厳に慎まなければなりません。

～いろいろな知識が吸収できる～

金融機関のお客様はすべての属性、すべての業種の企業が対象です。

世の中には実にさまざまな仕事・業務があります。金融機関はこれらのお客様すべてと取引があるといっても過言ではないため、実にさまざまな情報や知識に触れることができます。

また、他の仕事では知り得ないことに触れることができます。知識が増えたからといって目に見えるメリットはないかもしれませんが、私たちの人生が豊かになる可能性が高まることにつながるのではないでしょうか。「この製品はこうして作られているのか」とか「あのお店はズルだから使わない方がいい」などの情報も入ってきます。

このような知識があると、世の中を面白く興味深く見つめることができるようになるので、それはそれで楽しいものです。

～業務内容が多岐にわたる～

金融機関は比較的に大きな組織ですから、そこで行われている業務は実に多種多様です。そのため、いろいろ異なる業務を行うことができます。このことは仕事のやりがいを高めることにつながりますし、自分自身の知識を広げることにもなります。なかには面白くないと感じる業務を担当することがあるかもしれません。しかし、多種多様な業務を抱える金融機関なら、将来はやりがいのある業務に従事できる可能性があるのです。

第1章●金融機関の役割と業務

■なぜ金融機関に就職したのですか？

突然ですが、皆さんはなぜ金融機関に就職したのですか？

学校を卒業するので仕事をしないといけないからでしょうか。もっとも、収入を得ることは、金融機関に限らず働くことの第一の目的でしょう。

しかし、単に働いて収入を得て生活するだけでは面白くありません。また、生活のためだけに金融機関を選んだわけではないでしょう。

皆さん一人ひとり、夢をもって金融機関で働くことを希望したと思います。

筆者は金融機関に勤務して30年以上が経ちました。

長く働いていると、仕事して収入を得て生活をするのは当たり前で、意識すらしなくなります。しかし、生活のためだけに働くのは実に面白くありません。

金融機関で働き自分自身の存在意義を理解することで仕事の意義が明らかになり、充実した仕事時間を過ごすことができます。

金融機関には実にさまざまな業務があります。お客様に接する業務もあれば、まったく接しない業務もあります。意義があり楽しく感じる業務もあれば、意義が分からず楽しくないと感じる業務もあるでしょう。

ときには「私は何のために働いているのだろう…」と疑問に感じることもあるかもしれません。

しかし、金融機関の行職員にムダな人材は一人もいません。一人ひとりが金融機関の業務を受け持っています。そしてどんな業務にも必ず役割があります。その役割を私たち一人ひとりが貢献しているという意義は、ずっと忘れないでください。

■金融機関を通して社会に貢献する

繰り返しになりますが、仕事をして生活するという目的の他に、ぜひ皆さんに意識していただきたいのは、私たち一人ひとりは金融機関を通して社会に貢献しているということです。

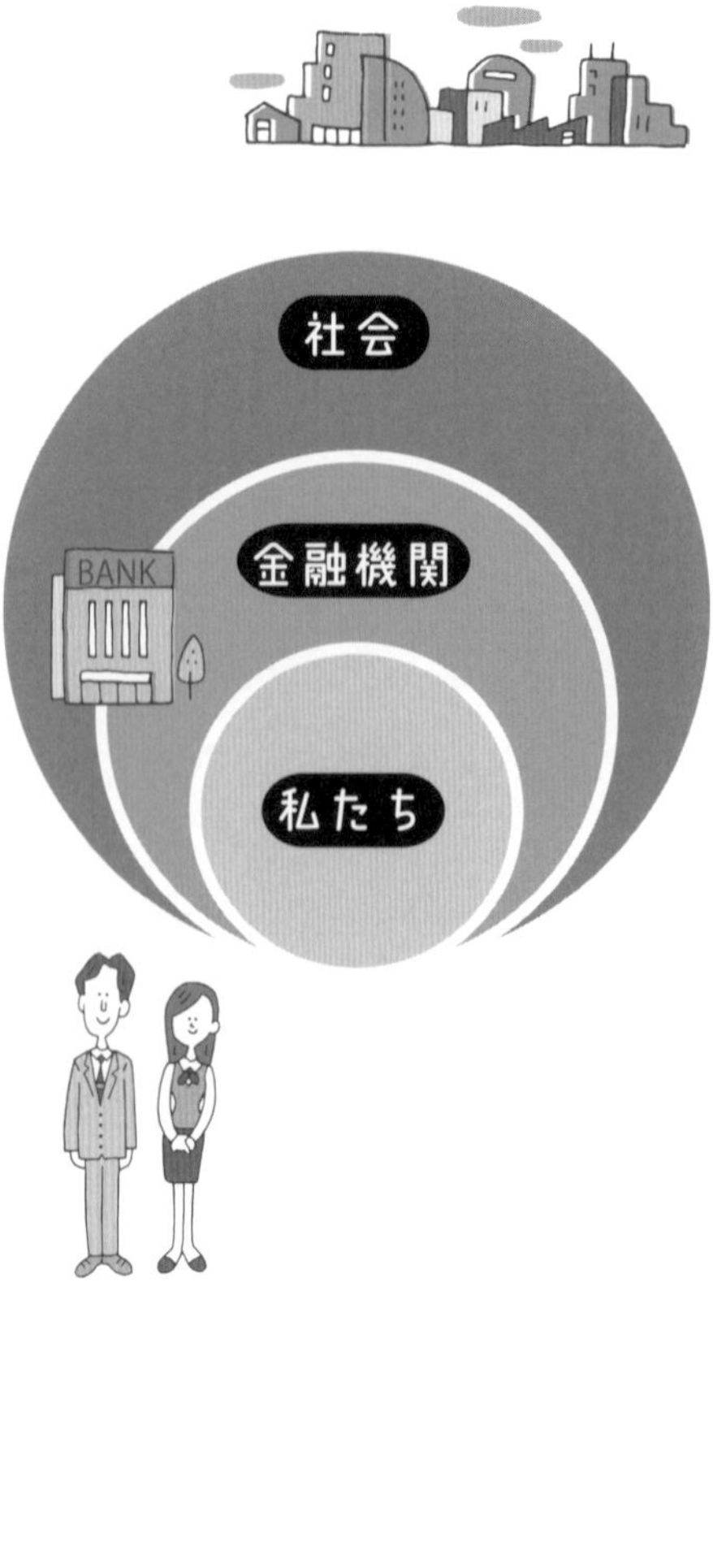

後ほど説明しますが、金融機関には社会における一定の役割があります。もし、世の中から金融機関がなくなったら、社会は大きく混乱し全体が回らなくなるでしょう。これは他の業界、会社などでも同じです。

つまり、金融機関には金融機関としての社会における役割があり、その役割を果たしているのは働いている私たち一人ひとりなのです。

金融機関で長く働いていると、この社会の役割・社会への貢献の意義を忘れてしまいがちです。

モノを作っている製造業であれば具体的な商品が存在しますが、金融機関の業務は具体的な形で見ることが難しいものです。

例えば、ある会社より融資の申込みがあり実行したとします。融資実行の具体的な数字は、そのお客様の預金口座にお金を入金することです。

これだけでは貢献が分かりづらいですが、その会社は融資を受けたお金で従業員に給料を払い、新たな技術や商品を開発することで、社会に貢献しているのです。

つまり、私たちの業務は、お客様を通して社会に大いに貢献しているのです。この意識はぜひ持ち続けて欲しいところです。

■金融機関の社会における役割

では、私たちが社会の貢献する土台となる金融機関は、一体どんな役割を社会に果たしているのでしょうか。

金融機関の業務はさまざまですが、今も昔もその中核に存在するのはお金です。お金は命の次に大切と言われているように、私たちの生活において欠かせない存在です。この欠かせない存在というのは私たち個人にとどまらず、会社、つまり法人においても同じことが言えます。

私たちがスーパーで商品を購入するにはお金が必要です。住宅を購入する際にもお金が必要となります。法人が自社の製品を製造するには原材料が必要ですが、原材料を仕入れるにはお金が必要です。従業員に給料を支払うにもお金が必要です。

このように、私たち個人や法人の活動においてお金はなくてはならないものです。私たちが勤務する金融機関はこのお金を中核として業務を行う組織です。金融機関の役割は実に大切で大きなものなのです。金融機関はお金に関する業務を行うことにより社会に貢献し、その役割を果たしているのです。

その金融機関の貢献や役割を発揮するのは私たち一人ひとりの個人なのです。ぜひ高い意識を持ってください。

■金融機関の三大業務

お金に関することを中核に業務を行う組織が金融機関ですが、具体的な業務について、よく言われる「三大業務」で説明します。

金融機関の業務は時代とともに変わりつつあり、三大業務以外にも金融機関が携わる分野が広がってきています。しかし、今でもこの三大業務が金融機関の業務の根幹であり、基本中の基本という位置付けは変わっていません。

①預金業務

まず「預金業務」は法人や個人などからお金を預かることです。

預金業務を金融機関の役割の観点から見ると、お金の仲介機能の一部だと言えます。世の中にはお金をたくさん持っている法人や個人などがいる一方で、お金を必要としている法人や個人なども存在します。

お金を必要としている法人や個人などはお金を借りたいのですが、お金をたくさん持っている法人や個人などを探してお金を借りるには多大な労力を要します。貸す側も相手のことを分からずに貸したりはしないでしょう。

ここで金融機関が登場します。

お金をたくさん持っている法人や個人などから預金としてお金を預かり、お金を必要としている法人や個人などに融資やローンとして貸すわけです。つまり、金融機関はお金を運用したい側とお金を必要としている側との間に立ってお金の橋渡し、仲介機能の役割を果たしているのです。

預金業務は、お金をたくさん持っていて運用したい側からお金を預かる業務を担っていることになります。

お金を運用したい側からお金を必要としている側にお金を仲介する。つまり金融機関のお金の循環に重要な役割を担っているのです。

よくお金は経済の血液などと言われますが、まさに金融機関は血液の循環に大きな役割を果たすことで、経済全般の維持・発展になくてはならない存在なのです。

②為替業務

ここで「為替業務」とは、お金の受渡し、決済業務のことです。

そこで商品を購入するケースで説明します。

商品の購入者は販売者に代金を支払う必要がありますが、個別に販売者にお金を渡すことは非現実的です。購入者と販売者が近所にいれば、直接代金を受け渡すことができますが、例えば購入者が東京で販売者が大阪にいたとしたら、直接受け渡すのは大変です。

この代金受渡しの場面に金融機関が登場します。

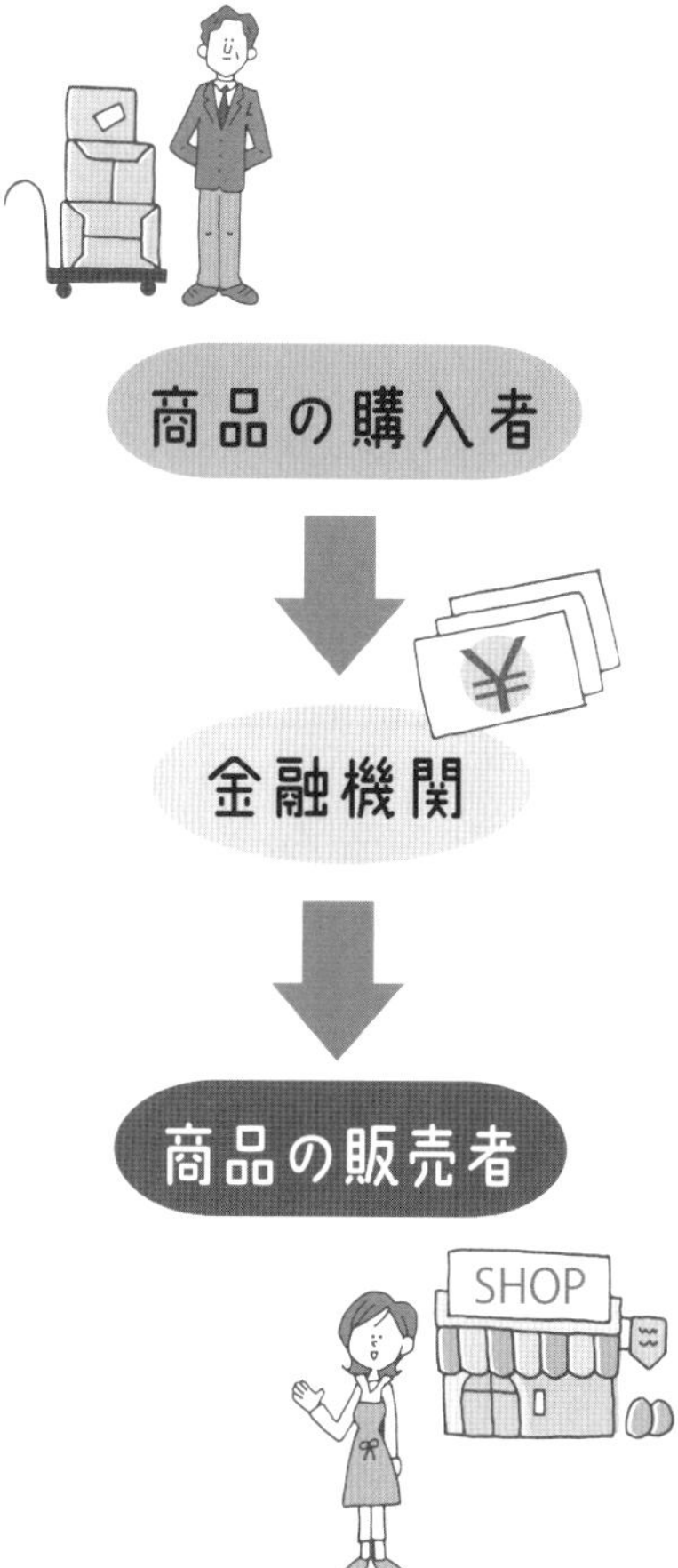

金融機関は商品の購入者から代金を預かり、それを商品の販売者に渡すことにより、商品の購入者と販売者の代金の受渡しを実現させるのです。

いわゆる「振込」です。

ちなみに、この例は購入者と販売者がともに日本国内にいることを想定していますが、例えば販売者が海外にいる場合にも、基本的には同じ原理で代金の受渡しを行います。

貿易の場面を考えると分かりやすいでしょう。

商品の購入者、つまり輸入者が日本、商品の販売者、つまり輸出者が海外の場合、商品の購入者は代金を海外の販売者に支払う必要があります。この代金の受渡しに、日本の金融機関は海外の金融機関と連携しながら、役割を果たすことになります。

日本国内での代金の受渡しのことを「内国為替」、海外が絡む代金の受渡しのことを「外国為替」と呼んでいます。

もし金融機関が為替業務を行わないと、スムーズな代金の受渡しは困難です。当然、商品の販売者は代金を受け取ることを前提に販売するわけですが、代金をすみやかに受け取れないと、活発な販売活動を行うことはできません。

したがって、この為替業務はお金の循環、経済活動の維持・発展に欠かせない役割を果たしているのです。なお、小切手や手形もお金の受け渡す手段の一つであり、為替業務に含まれます。

③融資業務

金融機関の三大業務の最後は「融資業務」です。

預金業務は次頁の図の上半分ですが、「融資業務」は下半分です。

預金業務と重複しますが、金融機関はお金が余っている、お金を運用したいと考えている法人や個人などから預金の形で預かり、お金を必要とする法人や個人などに融通する仲介機能を担っています。

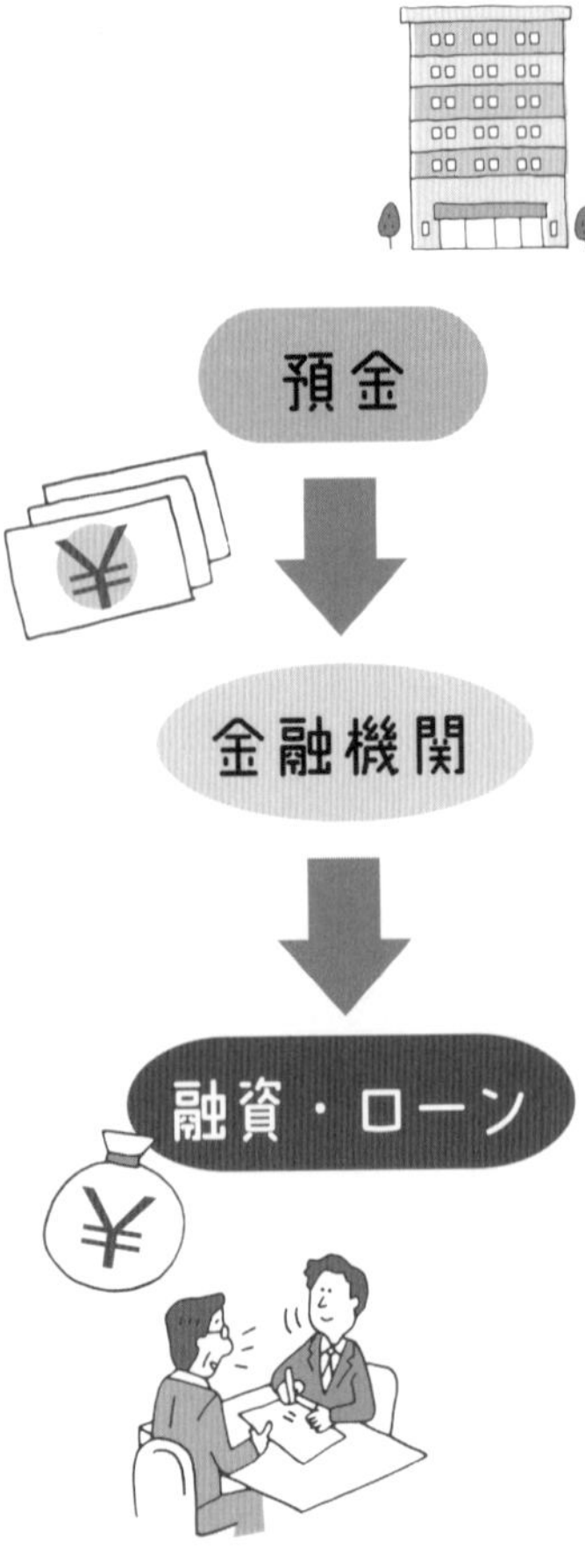

そして、融資業務はお金を必要としている法人や個人等にお金を融通する業務です。

法人が事業を行うには運転資金と呼ばれるお金が必要です。本社ビルを建てる、工場を作るような場合は設備資金として多額のお金が必要となります。法人はそのお金で事業を継続し経済活動を行い、広く社会に貢献しています。

また、私たち個人も住宅を購入するには多額のお金が必要ですし、子供の教育にも相応のお金がかかります。車の購入でも同じことが言えます。

融資によりお金を手にした法人や個人などは、これを元手に事業活動をしたり、住宅を購入したりして経済活動や消費活動を行うことになります。

もっとも、金融機関が融資業務に使用するお金の多くは預金として預かったお金です。このお金は預金者からの請求があれば、返さなければなりません。もし預金者にお金を返せない、つまり預金の払出しができなくなると、社会に大混乱を招きます。金融機関が破綻して預金の払出しができなくなった事例は現実にあるのです。

このようなことが起こらないよう、金融機関が健全な経営を維持することはとても大切なことなのです。そのために重要なのが適切な融資業務を行うことです。

融資したお金は金融機関に返済してもらわなければなりません。もし返済してもらえないと金融機関には焦げ付きが発生し、金融機関自身の健全な経営にマイナスをもたらします。

そのため、金融機関はお金を必要としている法人や個人などにお金を融資するだけではなく、きちんと返済してもらえるかどうか、しっかり見極めて業務を行っています。

■三大業務以外の業務

金融機関では三大業務の他にいろいろな業務を行っています。そこで代表的なものを紹介します。

①資産運用・資産管理コンサルティング

これは主に個人のお客様向けの業務です。

単に資産を運用してお金を増やすだけでなく、今後のライフイベント（出産・教育資金、住宅ローン・老後設計・相続など）を踏まえた資産運用・資産管理に対するコンサルティング（相談）を行うことです。

金融機関の商品に限らず、証券会社、保険会社、税理士との提携などにより個人のお客様のニーズに対応しています。

個人のお客様の人生設計のお手伝いをするとても意義のある業務で、多くの行職員がこの業務に従事しています。直接お客様に向き合う業務ですから、お客様から感謝の言葉をもらえると、とても嬉しい気持ちになります。

最近では個人のお客様から遺言状を預かり、万一のときに遺言状に従って遺産分割の執行まで行う金融機関もあります。

大切な個人のお客様の資産を預かり運用・管理する業務です。とてもやりがいがあるとともにお客様の信頼を得ることができます。

②業務提携・M&A

これは主に法人向けの業務です。

皆さんもご存じだと思いますが、法人では業務の維持や拡大のために他の法人との提携や、買収などが頻繁に行われています。

また現在、日本の社会において中小企業経営者の高齢化が問題になっています。いわゆる事業承継の問題です。この事業承継の一つの方法として会社を売却することがあります。

これがいわゆる「M&A」と言われるものです。

金融機関はこのような法人のニーズに対して自らが、あるいは証券会社などの外部機関と連携して対応しています。業務提携やM&A業務は非常に専門性が高い業務です。

したがって、お客様の窓口である支店等の拠点単独ではなく、本部の専門部と連携しながら進めることになります。扱う規模によってはダイナミックな業務です。まさに金融機関の組織力をフルに発揮することになります。

また、他の会社の買収資金を融資するなど、三大業務とも関連しています。

③海外進出支援

海外に現地法人を設立する、海外に合弁会社を設立する、海外に製造工場を保有するなど、近年、法人の規模に関わらず海外進出のニーズは高いものがあります。このようなニーズについても金融機関は海外情報の提供や、海外進出時の留意事項、現地での資金調達などに積極的に対応しています。

自らが海外に勤務して対応することも少なくありません。ですから、語学力も必要になります。

まさにインターナショナルな活躍の場であり、このような海外勤務を目指している行職員も少なくありません。

④業務斡旋

法人を中心に売上拡大のため、販売先の開拓や仕入先の強化などにも強いニーズがあります。このようなニーズには取引先を互いに紹介し、商談の橋渡しをします。これを業務斡旋と言いますが、お客様のニーズに取引金融機関として取引先の事業の強化を側面から支援します。

三大業務以外の主な業務を紹介しましたが、これ以外にも金融機関はさまざまな業務を行っています。単に預金を預かる、融資をするといった業務だけでなく、近年ではお客様のニーズに積極的に対応していく「ソリューション業務」が脚光を浴びています。

これは、金融機関の情報力や組織力を生かした業務です。

■金融機関の種類と特徴

ところで、金融機関といっても世の中にはいろいろな種類があります。

都市銀行

●いわゆるメガバンクなど

地方銀行

●それぞれの地域を営業地盤とする地域銀行

信用金庫

●より狭い地域を営業地盤とする街の金融機関

政府系金融機関

●日本政策金融公庫など

系統金融機関

●農林中央金庫など

このイラストは大雑把に金融機関を特徴ごとに分けたものですが、これがすべてではありません。

都市銀行は現在では「メガバンク」などと呼ばれ、全国に支店があるだけでなく、海外にも多くの支店や現地事務所などを有しています。日本を主要な営業地盤としながらも、ユニバーサルバンクとして広く海外にも業務展開しています。

海外で活躍したいのなら、メガバンクがふさわしいかもしれません。

ちなみに、筆者が金融機関に就職した30余年前には都市銀行は全部で13行ありました。しかし、現在ではメガバンク3行に集約されています。

次は地方銀行です。

各地方を主要な営業地盤としている金融機関です。地方にはそれぞれ特徴というか特性があります。地方銀行はまさにその地域を地盤とする金融機関であり、地域経済の維持・発展に大きな役割を果たしています。

地方銀行には伝統的ないわゆる「地方銀行」が」62行、かつて相互銀行から転換した「第二地方銀行」が37行あり、地盤とする地方に集中的に支店網を敷いています

（2021年8月現在）。

なお、多くの地方銀行は東京や大阪にも支店を設置しています。地方企業の大都市への進出に対応しているのです。

そして信用金庫です。

信用金庫は地方銀行の地方をさらに細分化した地域を主要な営業地盤とする金融機関です。街の金融機関とも呼ばれることがありますが、お客様と「フェイス・トゥ・フェイス」で業務を行う、文字通り地域に密着した金融機関です。

全国に254金庫あり、地域の中小企業や個人事業主、その地域に住む個人に愛されています（2021年3月末現在）。

次が政府系金融機関です。

ここまで紹介した都市銀行や地方銀行、信用金庫は民間の金融機関なのに対し、国が出資していることが一番の特徴です。一般的に「政府系金融機関」と呼ばれています。

政府系金融機関には、日本政策金融公庫、国際協力銀行、沖縄振興開発金融公庫、日本政策投資銀行、商工組合中央金庫の5行がありますが、私たちに最も身近なのは日本政策金融公庫です。

ここでは、民間の金融機関で検討が難しいスタートアップ企業への融資支援や、新型コロナ融資に代表されるような、国の政策を反映した低金利など有利な条件での融資を展開しています。

私たち個人の分野では教育ローンが身近なところです。

政府系金融機関は民間金融機関ではなかなか手を出しづらい分野への融資業務を展開することにより、社会に貢献する役割を担っています。

なお、政府系金融機関と民間金融機関は業務が重複するところが多く、ライバル関係にもありますが、互いに提携しながらお客様をサポートすることもあります。

最後が系統金融機関です。

系統金融機関は農業、漁業、林業の業者向けの「協同組織金融機関」で、これを全国段階で取りまとめている農林中央金庫がよく知られています。

農業、漁業、林業、はいわゆる第一次産業として華やかな存在ではないかもしれませんが、私たちの日常生活において欠かすことができません。

このような業界向けに特化して手厚い支援を行っており、私たちの生活の基盤を支える役割を担っています。

第2章●本部の仕事と支店の仕事

■支店は金融業務の最前線

金融機関の組織には大きく分けて「本部」と「支店」の2つがあります。ですから本部で勤務することも支店で勤務をすることもあります。

ここでは、本部や支店に仕事について紹介します。まず新人として最初に配属されることが多い支店から説明します。

金融機関は法人や個人のお客様に業務を行う組織です。

金融機関はサービス業と言われることがありますが、その通りです。支店は金融機関としてまさに最前線でお客様に接する部署です。

つまり現場です。

金融機関は法人や個人の取引先に三大業務をはじめ、いろいろなサービスを提供していますが、その大半は支店を通して行われています。支店はまさに金融機関における最前線と位置付けられています。

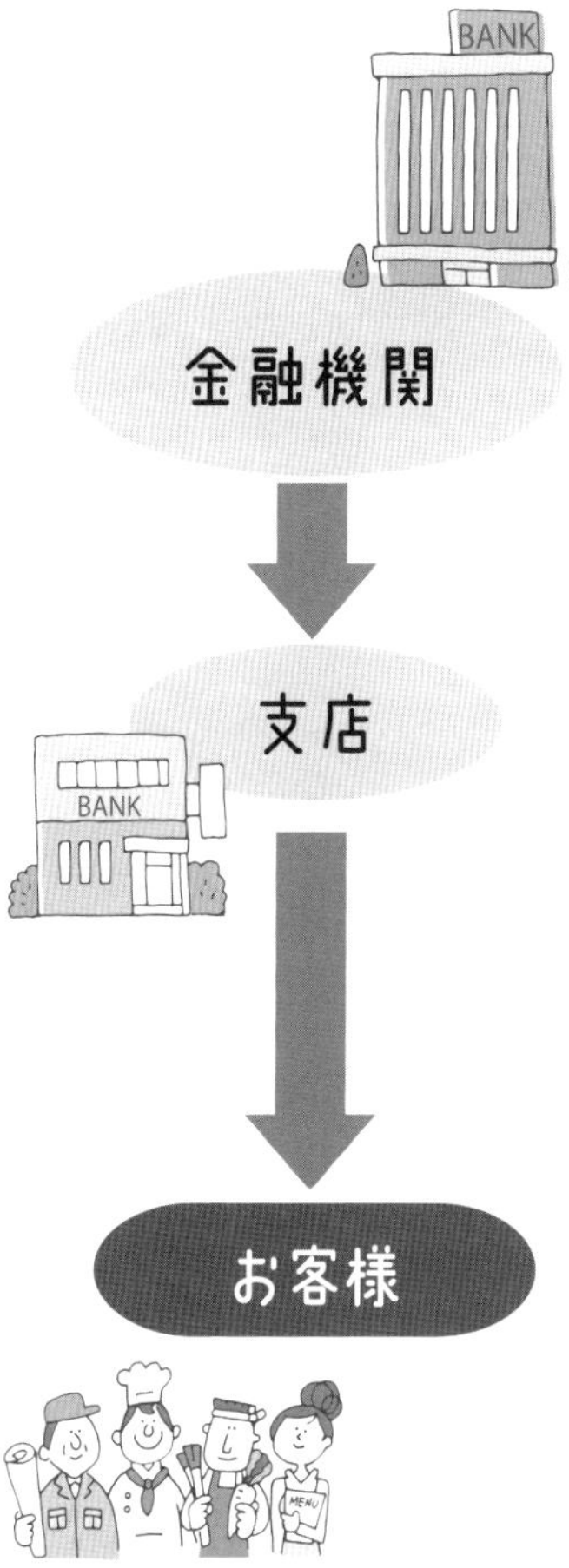

金融機関に就職すると最初に配属されることが多いのがこの支店です。支店はお客様向けの業務をすべて扱うため、入行当初は支店に配属されて金融機関の業務を一から学ぶことになるのです。

支店には先輩の行職員とともに多くのお客様が訪れるため、配属の初日はとても緊張します。そこで、筆者が金融機関に就職して最初に配属された東京都内のある支店での初日を振り返ってみます。

■緊張の連続の入行初日

まず初日はとにかく緊張の一言に尽きます。

最初は支店長室で支店長と面談です。テレビドラマなどでは立派な支店長室が登場しますが、当時はこぢんまりとした部屋でした。支店長からは特別に厳しいことは言われませんでした。

とにかく初日で緊張していますから、出身はどことか通勤時間がどれくらいかかるかなど、世間話のような会話をして、緊張をほぐしてくれるような感じでした。

支店長との面談の後は、先輩への挨拶です。

通常、支店では開店前に全員参加の朝礼が行われます。その朝礼の場で支店長から紹介されて挨拶します。

どんなことを話したのかは記憶にありませんが、「頑張りますのでよろしくお願いいたします」といった一般的な挨拶をしたのだと思います。

その後、午前中は通勤交通費の申請など庶務的なことを先輩にレクチャーされ、午後は先輩と一緒にロビーで「いらっしゃいませ」「ありがとうございました」などとお客様に挨拶する練習です。

それまで顧客の立場で金融機関に行ったことがなかったので、お客様を迎えるという逆の立場は初めてで大変緊張しました。その後は支店の片隅で、とにかく支店という金融機関の最前線の雰囲気を感じていました。

初日はこのような感じで過ぎ、定時に帰店しましたが、とにかく緊張の連続でクタクタになりました。

■支店の組織はどうなっている？

ところで、支店の組織はどうなっていると思いますか？

左頁の図は支店の代表的な組織図です。

支店の規模にもよりますが、おおむねこのように構成されています。

金融機関の三大業務は、①預金業務、②為替業務、③融資業務ですが、支店の組織はこの三大業務がまさに縮図のように組み込まれています。ロビー課、為替課のように各課は課長や係長などの管理職が統率しています。

新人はこの三大業務の縮図のような支店に配属され、ロビー課や為替課で預金業務や為替業務など金融機関の業務の基礎を学びます。その後に、融資課や外国為替課に移るのが一般的なローテーションです。

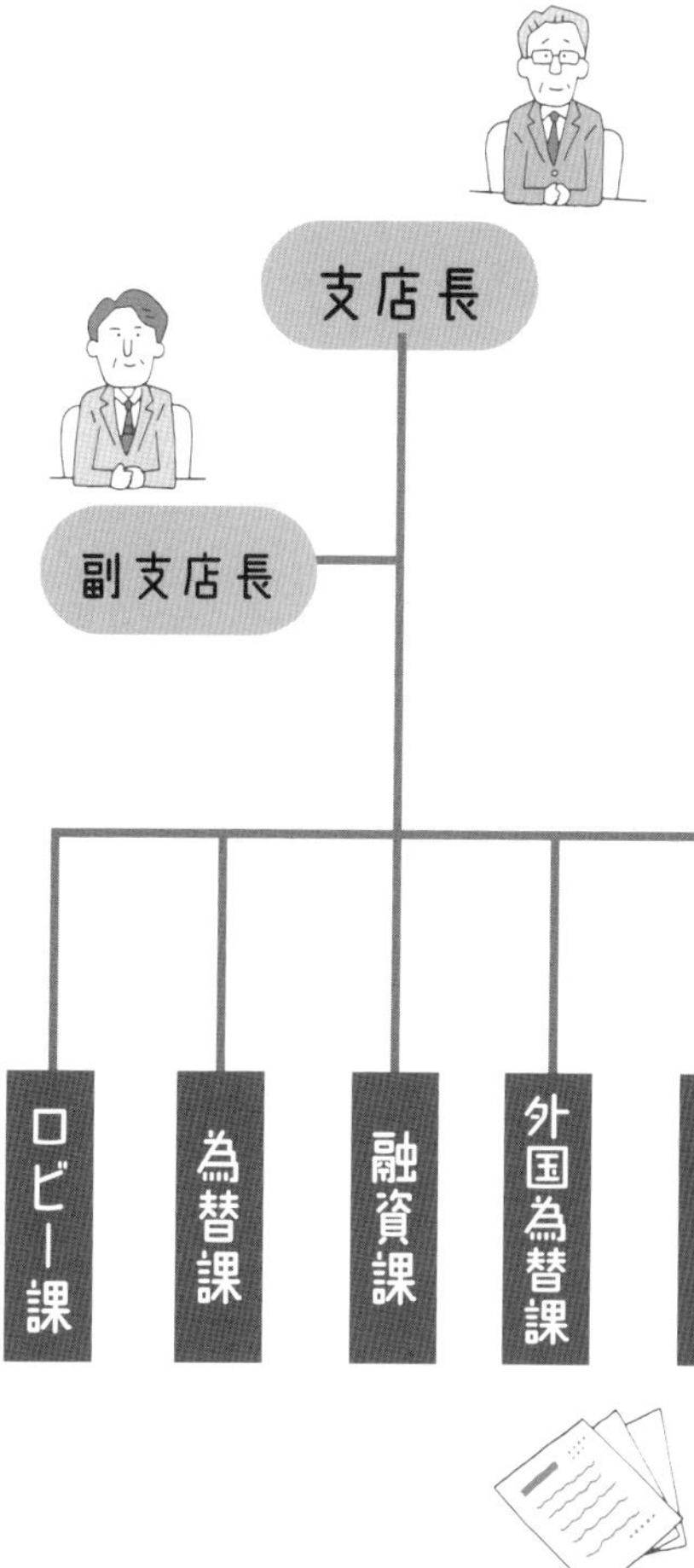

■組織ごとの業務はどうなっている？

ここで、支店の業務を課ごとに見ていきます。

①ロビー課・為替課の仕事

支店の規模によってはロビー課、為替課が一緒のところもあるのでまとめて説明します。

ロビー課、為替課は支店に来店したお客様から入金や振込などの業務を受け付けて処理する課です。支店は金融機関の最前線の職場ですが、ロビー課・為替課は最前線の支店のさらに最前線の位置付けであり、まさに支店の玄関口・顔となる部署です。

まず、開店前にロビーの整理整頓やお客様が持ち込んだ書類に押す日付印などが今日の日付となっているかを確認します。この日付を確認する作業はとても大切です。

例えば当日が納付期限の税金の納付をお客様から依頼されたとします。納付事務を終え、最後にお客様に領収書を交付しますが、もし領収書の日付が明日になっていたらどうでしょうか。領収書上は納付期限を過ぎて税金を納付したことになってしまいます。

税金は納付期限が過ぎると延滞税が発生しますから、この１日の差はとても重大な結果を招いてしまいます。

開店後はお客様からさまざまな業務を依頼されます。よく来店するお客様もいれば、たまたま来店したお客様もいます。お客様は顔見知りの方ばかりではないので緊張する業務でもあります。

いずれにしても、お客様から依頼された業務は正確に処理しなければなりません。もしミスをすると訂正作業が必要になり、この作業に多大な労力と時間を要することが少なくないからです。

閉店後は勘定合わせです。

一日の集大成がこの勘定合わせです。一日で現金や預金の出入りが大量に発生します。これを1円単位で正確に処理しなければなりません。

これらの事務処理が正しく行われたかどうかを検証するために、閉店後にロビー課や為替課は融資課や外国為替課の分も含めて「出」と「入り」の勘定を合わせます。

当日の勘定が合って、初めて一日の事務処理が正しく行われたことを確認できるのです。

ロビー課や為替課にとって勘定合わせは一日の業務の中で最大のヤマ場であり、極めて重要な作業です。

1円合わないために夜遅くまで仕事をしたなどの話を聞いたことがあると思いますが、これは事実です。1円でも勘定が合わないということは、どこかの事務処理が間違っているのです。

ロビー課や為替課の事務処理が間違っていたら、お客様の依頼事項を正しく処理していないことなので、そのお客様に迷惑をかけてしまいます。

勘定合わせは、一日の事務処理が正しく行われていることを事後的に確認するとともに、間違いがあった場合はその間違いを特定して修正し、お客様からの依頼事項を完結するという意味があるのです。

勘定合わせが終われば、あとは振り返って良かった点や改善すべき点を確認し、明日への準備を行い一日が終了します。

②融資課の仕事

融資課は会社や個人事業主に対する融資や住宅ローンなど個人向けローンを扱う部署です。金融機関の三大業務である融資業務を担っています。

ここでは会社向けの事業資金融資担当者の一日を追いながら、融資課の仕事を見ていきます。

まず昨日、融資の相談を受けたある担当先の案件を検討します。過去の決算書などを確認しながら、担当先の業績を確認します。そのうえで融資相談案件の可否について検討し、簡単なメモを作成して上司に報告します。

次にアポイントが入っていた別の担当先が来店したので、応接室で融資の相談を受けます。融資の相談は、来店で行うこともあれば電話の場合もあります。

この後、相談のあった融資案件に関わる不動産担保の現況調査に外出します。融資課は来店したお客様のお話を伺ったり、融資の稟議書を作成したりと店内での業務が多いのですが、ときには外出することもあります。

不動産担保の調査を終えて支店に戻り、融資の返済が滞っているお客様に電話で現在の状況を確認します。延滞先に確認した後は、別のお客様の融資案件について本店の審査部宛に稟議書を作成します。

　また、先に提出していた稟議について審査部からの照会に対応します。この後、午後にアポイントが入っていたお客様が来店し、来週に予定している融資案件の契約手続きを受けました。


　融資課は基本的には支店内でお客様の融資案件に関わる業務を行います。特に融資が希望の日時までに実行されないと、お客様の資金繰りに重大な支障が生じる可能性があるため、期日管理には十分注意しなければなりません。

　このように見ると、融資課は息をつく暇もないくらい忙しいと思えるかもしれませんが、比較的仕事にゆとりのある日もあるので安心してください。


　筆者も融資課で勤務していた経験があります。

決算書や稟議書と向き合うなど、支店の中で黙々と業務をこなすことが中心でした。

しかしながら、融資したお客様から「この前はありがとう」と感謝されたり、「近くに来たから寄ったよ」など世間話に来店するお客様もいたり、楽しく嬉しい時間もたくさんありました。

取引先の中小企業の社長には、いろいろな意味で勉強させてもらいました。今でもその経験は仕事やプライベートに役立っています。

③外国為替課の仕事

外国為替課は外国への送金や、輸出入業を営む会社などから輸出代金の取立業務などを受け持つ部署です。1ドル○○円など為替相場が絡む部署であり、国内事情だけでなく海外事情への関心も求められる業務です。

筆者は研修で半年ほど外国為替課に在籍したことがありますが、年配の女性担当者が流ちょうな英語でお客様と会話していたのが印象的でした。

時々テレビで外国為替のディーリングルームが映し出されることがありますが、ときに為替相場は秒単位で変動します。為替相場の少しの変動で輸出入会社の利益は大きく左右されます。

ですから、為替相場が目まぐるしく変動している日はお客様からの問い合わせも非常に多く緊迫します。また、間違いが許されない雰囲気もあるため非常に緊張します。一日があっという間に過ぎてしまう感覚です。

この外国為替課での経験から海外勤務を希望した先輩もいました。

外国為替課は国内事情だけではなく海外事情も関係するため、広い視野をもって業務を行う醍醐味を得ることができます。

④渉外課の仕事

ロビー課や為替課、融資課、外国為替課がどちらかというと受け身の業務なのに対して、渉外課は金融機関からお客様のところに出向く業務です。金融機関の攻めの業務とも言えるかもしれません。

筆者は就職して2年目に初めて渉外課に配属されました。当時、ロビー課の先輩女性から「渉外課は花形だから頑張って！」と励まされたのがいい思い出です。

支店にはさまざまな業績目標が本部から課せられています。その業績目標を背負っているのがこの渉外課です。

ロビー課や融資課でお客様と接する経験はしていましたが、渉外課では今までとはまったく異なる緊張感がありました。

ロビー課や融資課でお客様と接するのは店内です。分からないことがあっても、周りの応援を得て対応することができます。しかし、渉外課は自分1人でお客様に接しなければなりません。お客様に聞かれて分からないことがあっても、誰も教えてくれないのです。

そのため、配属されたばかりの頃は孤独感を感じながら自転車でお客様を訪問する日々でした。

筆者が初めて配属されたのは横浜支店で、横浜中華街のお客様を担当させてもらうことになりました。

就職する前にプライベートで横浜中華街を訪れたことはありましたが、遊びでいくのと仕事でいくのは大違い。お客のように丁寧に接してもらえないばかりか、「ちょっとじゃま」だとか「今は忙しいからまた別の日に来て」などと冷たい対応もされました。

渉外課には支店の業績目標を背負っているという自負があり、課内の一人ひとりには多くの目標が課せられていました。

いわゆるノルマですね。

毎日毎日、目標達成に向けて厳しい日々を過ごしましたが、目標が実現できたときの達成感は仕事のやりがいを感じた経験でもありました。この仕事で得られた達成感は、その後、他の業務を担当した際の大きな糧となりました。

⑤支店長の一日

最後に支店長の一日を紹介します。

支店長は支店では一番偉い人であり、立派な支店長室でふんぞり返って部下を厳しく指導しているイメージがあるかもしれません。筆者が金融機関に就職した頃の支店長は、確かにそうだったかもしれません。

しかし、現在は当時とはイメージは様変わりです。

では、支店長の一日を見てみましょう。

朝は支店の幹部と一日の打ち合わせをします。打ち合わせが終わると支店の開店時間です。行職員の先頭に立って開店と同時にお客様を出迎えます。

しばらく店頭でお客様に挨拶したのち、自席に戻り各担当者から提出された業務日誌に目を通します。単に査閲印を押すだけではなく、よく読んで「よく頑張った」などとコメントも書き込みます。

それが終わると融資課の担当者と融資案件を協議します。そうこうしているうちに、来店客と応接室で面談したりします。自席に戻ると、電話で本部に足元の業績状況を報告します。このとき本部から指導を受けることもあります。

融資課の次は渉外課です。担当者と一緒にお客様を訪問します。帰店すると店頭で発生したトラブルについて、その経緯をロビー課の役職員と担当者から報告を受け、善後策を協議し指示します。

その後、２回目となる来店客と面談します。

夕方近くに人事部より電話が入ると、個室で誰にも聞かれないように話します。次の人事異動に向けた打ち合わせです。

夕方以降は渉外課より当日の活動内容の報告を受けます。数字が上がった担当者をほめ、数字が伸び悩んでいる担当者には叱責も交えながら明日以降の活動について指導します。

それが終わると再び融資課との融資案件を協議し、終わると自席で机に積まれている書類を決裁します。

支店長の一日は概ねこのように進んでいきます。

席でふんぞり返っているような暇はありません。そんなことをしていては、「何よ、今度の支店長。仕事もしないでまったく！」と陰口をたたかれるのがオチです。

支店長は決して楽な仕事ではありません。

しかし何といっても支店長です。

責任も重いですが、支店の運営は支店長の裁量に任せられています。その醍醐味は支店長だけが味わえる専権事項ではないでしょうか。

毎日は忙しいですが、仕事のやりがいは十分に感じられるポジションです。

■支店勤務のやりがい

支店勤務のやりがいはやはりお客様に接することができることです。

お客様を通していろいろな経験ができますし、教えられることも数えきれないほどあります。お客様に教えられることが、その後の私たち一人ひとりの人生に大いに役立つことでしょう。

お客様との出会いは本当に楽しいものです。残念ながら苦情を言われることもありますが、多くのお客様は笑顔で接してくれます。金融機関の行職員ということで信頼してもらえ、他人には話しづらいことも話をしてくれます。

また、お客様から感謝されることは何よりも支店勤務のやりがいです。

「おかげさまで助かりました」「親切にしていただきありがとうございました」「と

ても丁寧な説明でよく理解できました」などのおほめの言葉は、支店勤務だから体験できることです。

仕事で苦しいことや嫌なことがあっても、お客様からの感謝の言葉ですぐに忘れ、嬉しい気持ちに浸ることができます。

お客様を通してさまざまな経験など、その後の人生にかけがえのないものを得られることと、お客様からの感謝のひと言でとても充実した気持ちになれることが支店勤務の大きなやりがいではないでしょうか。

筆者も金融機関でのおよそ半分の期間を支店で過ごし、実にさまざまなお客様と出会いました。1000人以上と会っていると思いますが、これだけの人と会える業務はなかなかありません。

このお客様との出会いによって、人生勉強を含めて本当にいろいろなことを勉強させてもらいました。

今ではお客様に大変感謝しています。

■本部の機能とさまざまな業務

金融機関には○○部などの名称で本部機能がたくさんあります。

支店が金融機関の最前線だとすると、後方で支店の業務をサポートし金融機関の業務を後方・側面から支える存在が本部です。もっとも、支店と一緒になってお客様と接する最前線を担う部署もあります。

本部は大きく3つのセクションに分けることができます。

まず経営企画系ですが、これはその金融機関の経営方針の策定や官庁への対応を行う部署であり、まさに中枢機能を担っています。経営企画系の本部セクションとしては経営企画部、人事部、財務部など（金融機関により名称は異なる）が該当します。

金融機関という組織全体のかじ取りが役割です。

次に営業推進系ですが、これは主に金融機関の営業面のかじ取りや推進を行う部署で、金融機関のアクセルの役割を担っています。

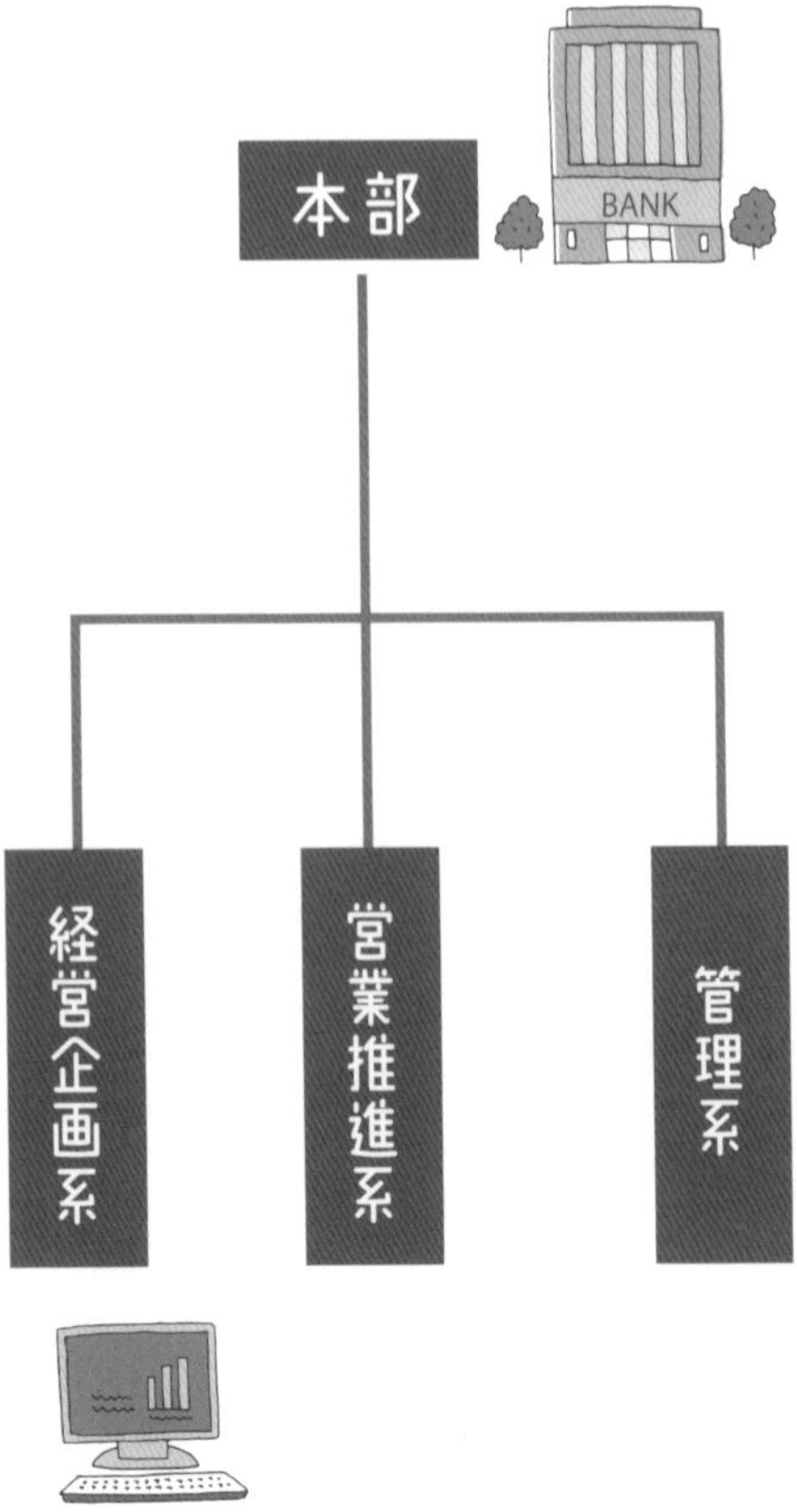

各支店等の業績目標の策定やその評価、日々の支店への営業指導、サポートを担っており、金融機関の業務は高度な専門知識を必要とすることもあります。

最後は管理系です。

先ほどの営業推進系が金融機関のアクセルとすると、ブレーキを担っているのがこの管理系で、総務部とか監査部などがこれに該当します。

組織はアクセルだけではうまく運営できません。アクセルとブレーキがそれぞれ有効に機能することで健全な組織運営が可能になります。

テレビドラマで金融機関の監査部が出てくることがありますが、現実はどうなのでしょうか。

ドラマに出てくる監査部の担当者は、非常に嫌味で悪役のような存在として紹介されています。監査部の役割は支店の業務を事後的にチェックし牽制することですから、支店の行職員からすると歓迎できる存在ではないことは確かです。

しかし、担当しているのはごく普通の行職員です。

■本部は支店のサポート役

では、本部の具体的な業務について営業推進系の部署を例に説明します。

まず出勤すると、パソコンで担当している各支店や他部署から送られてきたメールをチェックします。

メールには担当者への依頼事項などが書かれているので、必ずチェックして内容を把握しておきます。メールチェックの後は、上司に担当している各支店の前日までの営業成績を報告します。

進捗が芳しくない支店については上司より指示を受けることもあります。

その後は、営業推進の新しい施策に関係する本部の各部署と擦り合わせます。例えば融資推進の特別ファンドのような商品を新しく打ち出すにあたっては、審査部など他の部署と連携する必要があります。

簡単に言えば根回しです。

筆者はあまり得意ではありませんが、この根回しは結構重要です。根回しが不順だと他部署から「聞いていない」などと言われて、仕事が前に進まなくなることさえあるからです。

これが終わると担当している支店を回ります。支店長や渉外課長から営業の進捗状況や、本部への要望などを聞き取ります。

本部に戻ると支店や他部署から入った電話やメールをチェックします。

この電話やメールの対応が結構大変です。特にメールには注意が必要です。

というのは、メールには大切な内容が含まれているうえ、メールを読んでいなくても「知らない」「聞いていない」といった言い訳は通用しません。逆に「読んでいない方が悪い」と指摘されてしまいます。

電話やメールの対応が終わると部署内での打ち合わせです。各支店の担当から支店ごとの営業成績の報告を受けるとともに、好事例・悪事例を共有します。

打ち合わせが終わり席に戻ると、また電話やメールの確認と対応が待っています。

このように、営業推進系の本部部署は支店をサポートするのが主な役割ですから、各支店からの問い合わせには特に気を使います。

概ねこのような感じで一日が過ぎていきます。

■情報を活用し業務の幅を広げる

一般的な会社でも同じですが、金融機関で仕事をするには金融情報や社会情報などの取得や活用が欠かせません。

これらの情報は、日本経済新聞や各種経済雑誌、毎日のニュースなどから得られるほか、内部の行職員向けに本部から各種発信されています。

では、これらの情報を業務においてどう役立てればよいでしょうか。

例えば、法人の営業担当者が運送業の会社を担当しているとします。営業面では運送業界に関する情報や、一般経済情報などを提供することで、お客様の信頼を得ることができます。また、「このような情報が欲しい」とお客様から具体的にリクエストされることもありますから、関連する情報を収集して提供すればお客様に喜んでもらえます。

また、個人の資産運用を担当しているなら、金利や為替の情報、税制に関する情報などをお客様に提供することで、運用商品の獲得に役立てることができます。

情報はたくさんあります。

多くの情報から、お客様に役立つことやお客様の関心が高い情報を選択して活用することが、私たちの業務活動の手助けとなります。
情報は取得するだけではなく上手に活用することで、業務の幅が広がるとともに深さも身につけることができます。

■本部勤務のやりがい

本部勤務は支店勤務と異なり、基本的にお客様と接することはありません。本部は金融機関全体のさまざまな方針を決定しますが、その決定の過程に関与することにより、組織全体を動かす醍醐味があります。

例えば、新しい資産運用商品の開発に関与しているとしましょう。新商品の開発が終わり、全店舗に通達の形で通知しますが、その通知とともに全店舗で新商品のセールスが開始されます。

自分自身が関与して開発された新商品の打ち出しにより、全店舗の資産運用担当が動き出すのです。組織を動かしたのです。

これは本部勤務ではないと味わえない醍醐味ですし、大きなやりがいではないでしょうか。

COLUMN

支店の規模で優劣がつく？

都市部の支店には大型の店舗、郊外には小型の店舗というように、立地によってそれぞれ規模が異なります。

「私は郊外の小さな支店なのに、同期の〇〇さんは都市部の大きな支店に配属された。〇〇さんの方が優秀なのかな…」などと感じる人もいるかもしれませんが、新人が配属される支店の規模は、その人が優秀かどうかとは関係ありません。

それより、配属先の支店で金融機関の基礎業務をしっかりと身につけることが肝要です。ここで今後のキャリアの積み上げに思わぬ差がつくからです。

支店の人事権のありか

支店の人事権は支店長が一手に握っています。もちろん支店長が独断で決めるわけではなく、中間管理職などの意見も参考にしますが、最終的な権限は支店長が握っています。

そのため、部下は何かと支店長の顔色を窺います。これは組織である以上仕方ありません。

中には「ゴマすり大王」とか「ゴマすり女王」などと呼ばれる人がいます。あまり印象はよくありませんが、現実の職場にある風景です。

■行職員としてのキャリアアップ

さて、金融機関に就職を希望する人、入行後間もない人にとって、金融機関の行職員はどのようなキャリア、仕事人生を送るのかは関心が高いテーマでしょう。そこで、具体的にどのようにキャリアを積んでいくのかを紹介します。

キャリアの積み方は人それぞれですが、ここでは最終的に支店長クラスになる標準的なケースで説明します。

■入行してから支店長になるまで

①新人から主任クラスまで

新人として金融機関に就職すると、ほとんどの場合は支店に配属されます。

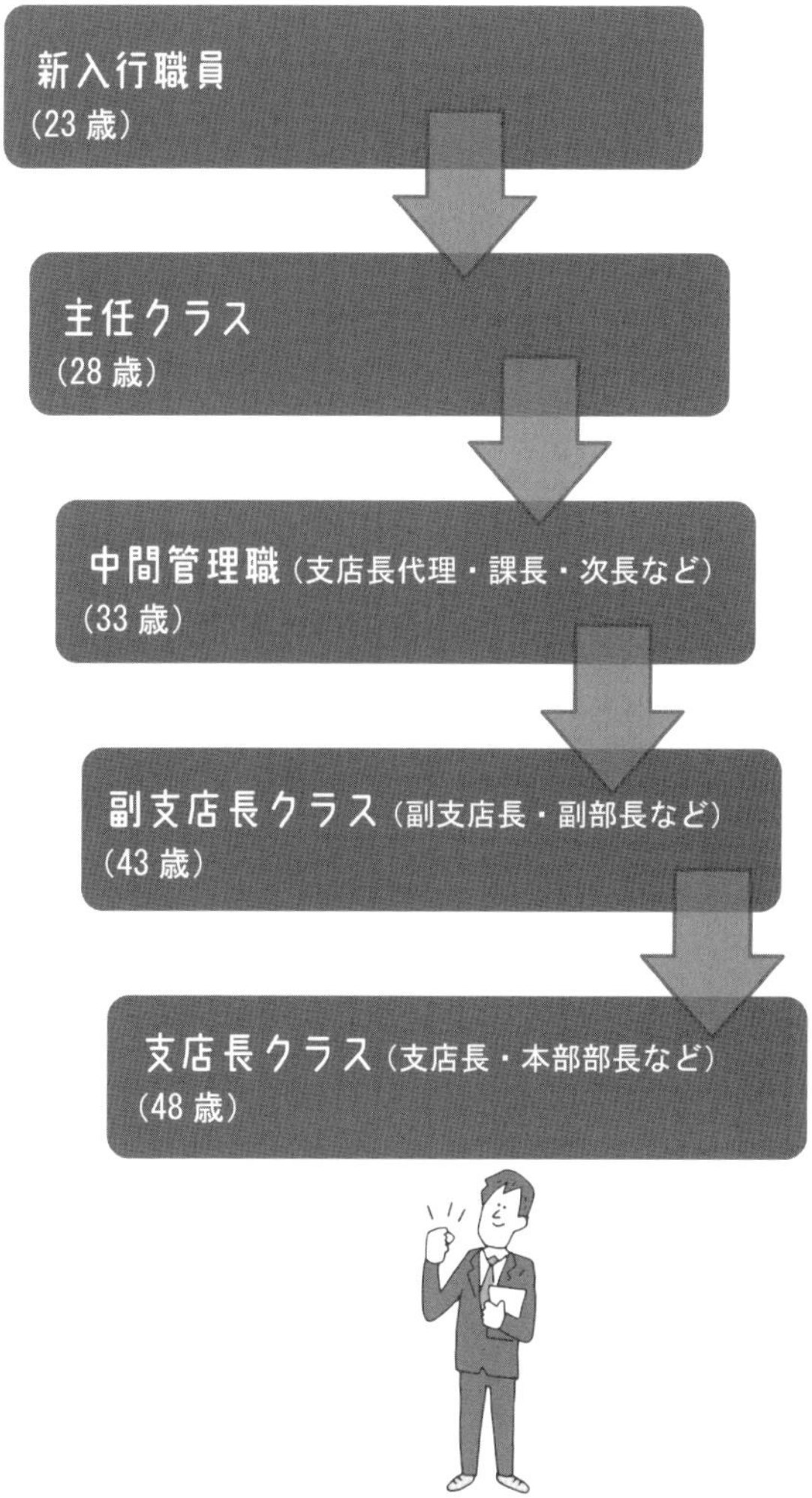

最初に配属された支店や2つめの支店では、担当者として金融機関の業務を学ぶとともに、さまざまなスキルを身につけることになります。

この主任クラスまでの5年間は、今後のキャリアアップにとても重要な時期です。新人としてスタートを切った当初、同期入行組は横一線ですが、この5年間に業務のスキルを吸収し、自己啓発に代表される周辺業務を含めた知識をどれだけ身につけるかで同期と差がついてきます。

支店では実務を学ぶことに加え、人事部主催の研修を受けることになります。新人は支店長や人事部などから常に見られていることを意識してください。言葉は悪いですが、一種の〝品定め〟をされる期間でもあるのです。

日々の仕事ぶりに加え、勉強会や研修にどんな姿勢で臨んでいるかなどもチェックされます。

日々の学習だけでなくアピール力も大切です。しかし、ただ口がうまいだけで知識やスキルが伴っていなければ、じきに化けの皮が剝がれてしまいます。

毎日の仕事で実務能力を身につける努力や、実務の関係する知識や周辺知識を自己啓発などで吸収する努力をしている人は、やはり違います。

勉強会や研修で発言をする機会を積極的に活かし日々努力をしている人は、やはり発言や質問の内容が違ってきます。このようなことを支店長や人事部はよく見ているのです。

学校を卒業して勉強はもうたくさんかもしれませんが、入行後の5年間はもう一度勉強に力を入れましょう。ここで身につけたスキルや知識はその後ずっと金融機関での勤務に大きな効果をもたらします。

金融機関に就職してから5年間は比較的にプライベートを含め時間的にゆとりがあ

る時期です。この期間を単に余暇中心に過ごすのか、余暇を楽しみながらも自己啓発にも力を入れるのかで、やがて越えられない大きな差に発展します。

②主任クラスから中間管理職まで

入行して5年ほど経つと担当する業務の幅も広がり、より高度な処理もできるようになります。またこの間に後輩も続々と入ってきます。

この時期は単に自分自身の業務をこなすだけではなく、上司のサポートも得ながら高度な業務へのチャレンジや、後輩の指導も任されます。周囲からはほとんど一人前とみなされるようになります。

また、この時期は単なる担当者から指導者、つまり管理職を展望した期間になります。

ここでも筆者の経験を少しお話します。

入行6年目に3つ目の支店に転勤になりました。当時は法人担当で日本を代表するような企業を含め、上場企業などのいわゆる大企業を中心に担当しました。

それまで中小企業や個人商店しか担当した経験がなかったので、非常に緊張すると同時に仕事に対する意気込み、やりがいを感じました。

入行後5年が経過すると一人ひとりの今後のステップアップも展望して、より責任のある仕事を担当し、中核社員としての期待を背負うことになります。また管理職としての能力の有無を検証される時期でもあります。

一つの業務を行うのでも、上司のサポートや本部との連携が必要とされる業務を任されるようになります。

つまり、チームプレーや組織を活用する能力が求められるのです。

このような担当業務を受け持つことで、次なるステップアップ、つまり担当者ではなく管理職としてのスキルを身につけていくこととなります。

仕事の面白さを十分に感じるようになるのもこの頃です。

③ようやく中間管理職

めでたく管理職に昇格しました。給料も上がり、仕事にも油が乗ってきました。

管理職というのは基本的に部下を持つ職務です。

担当者は基本的には自分の業務だけ行っていればよかったのですが、管理職となると自分自身の業務に加え、部下を指導して仕事が達成できるようにサポートする役割が強く求められるようになります。

簡単に言えば「自分の仕事をするのは当たり前。部下の面倒も見なければならない」ということです。


つまり、管理職に求められる役割は組織全体を動かすことです。

責任も重くなり負担も増すでしょう。また部下と上位の管理職との間に入り、調整しなければならないこともあるでしょう。さらに部下をサポートしルールから逸脱しないよう、牽制機能も発揮しなければなりません。

部下から業務上あるいは業務外の相談を受けることもありますから、これらの適切な対応も求められます。

このようなことを含め、管理職は自分自身が統率するチームについて、グループの力を結集して業務を遂行し実績を上げることが主要な業務となるのです。責任も重くなり担当者のときより多忙な日々を送ることになります。しかし、人の上に立ってチーム、グループ、組織を率いることは、組織人としてぜひやってみたいのではないでしょうか。

筆者は33歳のときに管理職になりました。入行してちょうど10年目でした。

管理職になると印章がグレードアップするのですが、この印章を渡されたときは感動したものです。

同時に5人の部下を受け持つようになり、部下を引っ張りグループの営業成績を上げていくことに、大きな責任感とともに前向きな気持ちで気合いを入れ直したものでした。

部下と上位の管理職との板挟みになることもあるでしょう。上位の管理職から部下に指示を伝えるように言われることもあるでしょう。

このようなときは、上位の管理職の言葉をそのまま伝えるのではなく、分かりやすく中間管理職の言葉で伝えて理解させることが大切です。

部下の性格や考え方は中間管理職が一番よく分かっています。上位の管理職の言葉を部下に理解されやすいように伝える工夫が大切です。

④いよいよ副支店長クラス

中間管理職として業務遂行能力が認められると、さらに上位の管理職に昇進していきます。次なるステップは支店長や本部部長など拠点の長を補佐する次席者としてのポジションになります。

中間管理職の上司にもなります。

拠点や組織の次席者としての役割は、支店長や部長など長の意向を受けて組織全体を統率することであり、責任がさらに重くなるとともにやりがいについても一段と増加します。

次席者としての高い評価を受けると、次はいよいよ拠点や組織の長としてのポジションが待っています。

長の考えを組織に浸透させる、長と部下との間でさまざまな調整を行う能力が求められるポジションでもあります。

支店長には言いづらいからと部下から直球を投げ込まれることもあるでしょう。支店長の考え方と部下の思いに接点を見いだし、いかに組織の活力を失うことなく調整するか、次席者としての腕の見せ所です。

次席者は経営者としての自覚とともにさらにスキルや能力を向上をすべく、自己啓発などの自助努力が求められます。

決して楽ではありませんが、次なるポジションを横目で見ながらステップアップへの高い意欲を持続させることができます。

⑤やりました支店長クラス

最後は支店長クラス、支店長や本部の部長です。

同期入行の1割程度しかつかみ取ることができないポジションです。

入行して一つの組織の長になれたことにより、達成感も味わえるのではないでしょうか。ここまでの苦労が報われる瞬間でもあるでしょう。

世間の言葉を借りればいわゆる〝勝ち組〟です。

本部の部長ともなれば部下が50人から１００人を超えることもあります。責任は極めて重くなりますが、やりがいは頂点クラスに達します。限られた人しか感じることができない大きなやりがいです。

ここでの仕事ぶりが評価されればさらなるステップアップ、より大きな部の長や役員へと進んでいきます。

このように、金融機関に就職してからのキャリアアップの典型例を見てきましたが、地位の上昇とともに勉強しなければならない事柄が増えていきます。

しかし「勉強＝自己啓発」を積み重ねていけば、必ず仕事が面白くなってきます。大切なことは、目標に向かってチャレンジを続けることではないでしょうか。

そうすれば自然に組織内での地位が上がっていくものです。

努力を見てくれている人は必ずいるのです。

■多くの女性が支店長として活躍

また、金融機関はかつて男性社会であり、女性は後方事務や来客のお茶出しなどの仕事が中心でしたが、今は様変わりです。

法人・個人を問わず営業の第一線で多くの女性が活躍しています。また、本部の企画部門などの中枢でも事務ではなく第一線で働いています。

筆者が勤務している金融機関では、支店長の3割から4割は女性支店長です。支店長が女性でもまったく違和感のない時代になりました。

ある拠点では女性が占める割合が8割くらいのところもあります。

こうした状況を鑑みると、金融機関は男性と女性は平等に扱われている職場ではないでしょうか。女性より男性の方が有利ということはもうありません。

女性の皆さん、十分に活躍できますので安心してください。

■キャリアアップに遅れたら…

さて順調にキャリアアップをする人もいれば、そうでもない人もいます。キャリアアップに遅れると将来は一切なく、あとはリストラを待つばかり…などということはありません。キャリアアップは一つの大きな目標ですが、これがすべてではありません。

金融機関にはさまざま業務があり、その一つひとつに行職員一人ひとりの明確な役割があります。

決してサジを投げてはいけないのです。

■働き方改革と勤務スタイル

近年「働き方改革」がよく言われますが、金融機関においても働き改革が進行中です。従来の勤務スタイルにこだわらず、個人の事情や業務内容に応じて弾力的な働き方を容認していくものです。

朝から夜まで職場に出勤して働くのではなく、サテライトオフィスなどで業務を行う、勤務時間を弾力的に変更するなどです。

これに関連して、金融機関には昔からの慣習のようなものが残っています。例えば男性の連続休暇は8月に取るなどはその典型例です。

しかしこれも見直されつつあります。

働き方改革の一環として旧来のスタイルをゼロから見直す動きがあります。

■第二の人生の選択肢

さて、入行すれば当然いつかは退職します。

金融機関の定年は多くは60歳です。そして、希望すれば65歳まで勤務をすることができます。

しかし多くの金融機関の行職員は60歳を待たずに金融機関を去ることになります。金融機関により異なりますが、おおむね50歳過ぎがその時期になります。支店長や本部の部長、さらに役員以外は、50歳を過ぎると第二の人生を歩むことになります。

この道は次頁のように大きく３つに分かれます。

この３つのどれを希望するのかを人事部から事前に確認され、その方向に進んでいくことになります。

１つ目は金融機関の関連会社に転籍含みで出向する道です。多くの人はこの道を選んでいます。

２つ目は金融機関やその関連会社以外の外部の会社に再就職する道です。

個人で再就職先を探すこともできますが、多くの人は金融機関の取引先を紹介され

関連会社に出向する

外部の会社に再就職する

担当者として引き続き勤務する

て再就職します。金融機関以外の業務にチャレンジしたい人に選択される道です。

最後の３つ目は金融機関に残る道です。

しかし役職はなく、いわゆる担当者として勤務することになります。ですから昔の部下が上司になることもあります。

かつてこの選択をする人は少数派でしたが、今では増加傾向にあります。

COLUMN

出向先の肩書

関連会社や外部の会社に転籍含みで出向する場合、金融機関での最終役職によって出向先のグレードや出向先での地位が異なります。

例えば、最終役職が支店長であれば、比較的規模の大きい関連会社で本部長や役員などの肩書だったりします。一方、最終役職が中間管理職の場合は、比較的規模の小さい関連会社で担当者や部長代理といった肩書になったりします。

金融機関での最終役職の地位が第二の人生のスタートに少し影響してしまうのが現実です。

元支店長の担当者

最近では定年後も引続き金融機関に勤務する人が増えています。

関連会社に金融機関から受け入れる余力がなくなりつつあるからで、実際に支店長だった人が現場の担当者として勤務しているケースがあります。

この場合、現職の支店長や管理職は元支店長の扱いに苦慮するようです。

元支店長も「昔は昔。今は担当者」という意識で仕事をしてくれればいいのですが、「自分は支店長だった」という思いを変えられない人が多いのです。なので、支店長や管理職に横柄な言葉使いで接したりします。

このあたりなかなか難しいところです…。

第4章●出世するということ

■入った以上は出世したい！

皆さん、出世したいですか？

最近では出世よりもプライベートの時間を充実させたいと考える人もいるようですが、多くの人はやはり出世したいと思っています。金融機関に就職したなら、一度は支店長をやってみたいと思うのではないでしょうか。

出世が金融機関に入った目的ではないと思いますが、出世することで自身の視野が広がるなど、より充実した仕事ができる可能性が出てきます。

「こうすれば必ず出世する」というような鉄則はありませんが、出世している人の共通点についてお話しします。

それは、大きく次の３つの事柄になります。

自己啓発には積極的に取り組む

試験には一発で合格する

自分自身の考えをしっかり持つ

■出世の3つの条件

①自己啓発には積極的に取り組む

出世している人はよく勉強しています。自己啓発に積極的に取り組むことが出世の第1条件です。

金融機関の研修を受講するのは当然として、自前で書籍等を購入し業務に関係する事柄をよく学んでいます。

普段接していて「頭がいいな」と思える人がいます。地頭がいいのかもしれませんが、それ以上によく勉強しています。仕事が終わり帰宅後に、通勤時間の途中や休日などにコツコツと知識を積み上げているのです。

このような努力は、必ず何らかの業務で役に立ちます。そして上司をはじめ周囲の人は、こういう人をよく見ています。努力して自己啓発している人は、自然に目立つようになり、周囲に「あいつは頑張っているな」という印象を与えます。

もちろん出世のためにしているわけではありません。多くは業務上の課題がきっかけですが、結果として自己啓発の努力が周囲からの評価を得て、昇進につながっていくのです。

また、出世すればするほど必要な知識やスキルが増えていきます。ですから、出世すればするほど勉強しなければならない分野が増えていきます。

②試験には一発で合格する

金融機関では定期的にもしくは人事の階層ごとに試験があります。試験で常に100点を取る必要はありませんが、必ず一発で合格することが第2の条件です。

仮に不合格になっても次回合格すればよいのですが、どうせ受けるなら一回でクリアしたいものです。合格して受験資格が得られる試験もあるはずです。一回で済めばそれだけ早く次のステップに進むことができます。

この試験には大きく分けて2種類あります。

一つは、業務遂行上必須のものです。

業務遂行上必須の代表的な試験は証券外務員試験です。この試験に合格しないと投信信託が販売できないなど、業務に大きくかつ致命的な影響を与えます。

もう一つは人事の階層ごとに行われる金融機関内部の試験です。これは昇格試験とも言えるもので、入行してから管理職になるまでに実施されます。

この試験に合格しないと次の階層には進めません。

昇格は必ずしも試験の成績だけで判断されるわけではありませんが、どれだけ仕事の実績を上げていても、階層ごとの試験に合格していないと昇格は望めません。

また、この試験に合格して初めて次の試験が受験できる仕組みになっている場合が多いです。

金融機関によって管理職までの肩書はまちまちですが、「新入行員→主任→支店長代理補→支店長代理→管理職」といった肩書の場合は、それぞれ次の階層に進む際に試験があります。

新入行員のときは横一線だった同期も、試験の合否によっては差がついてきます。試験には必ず一発で合格しましょう。

③自分自身の考えをしっかり持つ

最後は、仕事に対して自分自身の考えをしっかりと持つことです。

もちろん私たちは組織の中で働いていますから、組織の決定、上司の意見に従うのは当然のことです。しかし、決定までのプロセスで意見を求められることは多々あります。そういう機会には自分自身の考えをしっかりと表明しましょう。

もしかしたら、意見が採用されることもあるでしょう。残念ながら自分自身の考えとは異なる決定になることもあるでしょう。ただその場合でも、他の人は私たちの意見を耳にしています。

採用されなくても、次善策として評価されているかもしれません。

自分自身の考えを表明するには、その前に自分自身で深く考えます。これが大切なのです。

出世をしている人はきちんと自分自身の考えを持っています。上司の意見に迎合しているわけではありません。迎合する、ゴマをするだけで出世ができるような甘い世界ではありません。

意見や考えを表明する場は、上司などに自分をアピールできる格好の機会だと理解してください。

以上、筆者の考えを説明しましたが、もちろんこれがすべてではありません。しかしこの条件は、出世している人に共通していることです。

■同期は身近なライバル

金融機関に限らず同じ年度に採用された同期は必ず存在します。同期は就職したときには最も身近な存在で、同じような悩みを抱え、気心が知れた仲になるでしょう。最初に配属される支店には、数人の同期が配属されることが少なくありません。筆者が新人で配属された支店には、筆者を含めて同期の男性3人が配属されました。

何十年経っても同期は同期としてつきあいが続きます。しかし就職したときは横一列でも、やがて人事上の階層で差がついていきます。

「どうして彼(彼女)の方が先に…」などと思うこともあるでしょう。しかし、信頼できる同期なら彼(彼女)の頑張りを素直にほめたたえ、今後の仕事の糧にすればよいのです。

同期は仲間であると同時にもっとも身近なライバルでもあります。最終的に人事上の階層に大きな差がついたとしても、会ったときは新人の頃と同じようにお互いを呼び捨てで話せるのが同期です。

■仕事の実績は周囲の協力を得て

出世に仕事の実績は必須です。出世の理由として最も客観的で納得できるのではないでしょうか。実績を上げている人が昇進すると、「あの人は仕事ができるからな」と思うのは誰しも共通のことでしょう。

ところで、この仕事の実績は自分一人で上げるのではありません。金融機関の業務は一人で完結することは少なく、本部や上司などの協力を得ながら進めることで、お客様が期待していること、あるいは期待以上の業務を行うことができます。

したがって、自分自身の努力は当然のこととして、いかに関係者の知見や協力を得て物事を進めていくかが大切なのです。


出世して管理職になると部下を持つことになります。管理職となると自分自身の仕事に加え、部下をサポートする割合が大きくなります。

管理職は組織の業績・数字を背負っていますから、部下をいかに活用するかがカギとなるのです。


本部を効果的に使う、人を効果的に使いその人の能力を引き出すこと。

これが管理職に求められる資質の一つですが、担当者のときに本部の機能を活用し、上司のサポートを引き出して仕事の実績を上げることは、今後さらなる大きなステージで活躍する布石にもなります。

自分自身も頑張りながら大いに人の手助けを引き出しましょう。

■世渡り上手と人間関係

「あの人は口がうまいから」とか「上司にゴマばかりすって」などを耳にした、あるいは耳にすることがあるでしょう。

確かに組織の中で世渡りは必要だろうと思います。

職場はすべて他人の集まりです。また前述のように、金融機関の業務は自分だけで完結できることは少なく、他の人の協力や支援などを得ながら進めることが圧倒的に多いです。

そのため、他の人との信頼関係や協調関係を築くことが大切となります。

これは下手に出てペコペコすることではありません。相手の立場も考慮して上手に対応することです。この点、人との関係を良好に保つうえで世渡り上手は効果を発揮するでしょう。

もっともゴマをするのではありません。ゴマすりで出世をする人はいないと言えば嘘になりますが、それは一時的なものです。

気が合う上司にせっせとゴマをすっても、上司はいずれ転勤でいなくなります。次に来る上司は以前の上司のように思い通りになるとは限りません。

ですから、ゴマをするのは賢い対応とは言えません。

また、意見が合わないからといって、相手に感情をむき出しにすることには気をつけましょう。

意見が一致しない人はたくさんいます。意見が違っても「確かにそうだな…」と思うこともあるでしょう。意見の違う人が集まっているからこそ組織が活性化される側面もあるのです。

世渡りとはゴマすりではなく、意見の違う人を尊重しながらお互いを補完し合って業務をより良い方向に進めていくことではないでしょうか。

人間関係を難しいと感じる人もいるかもしれませんが、実はそれほど気にする必要はありません。楽しいこともたくさんありますから、決してマイナスに考えずに業務に向き合っていきましょう。

■上司との上手なつきあい方

金融機関は組織ですから必ず上司がいます。筆者も現在まで30人くらいの上司に仕えたでしょうか。上司にもいろいろな人がいます。気が合う人もいれば合わない人もいます。

上司は私たちよりも業務に関する知識が豊富で経験も豊かです。この点では頼りがいがあり尊敬できるのですが、やはり人事上の評価をする点が気になります。誰しも上司にバツをつけられてはたまらないという気持ちはあります。

かつては、1回バツをつけられると人事上の復活がなかなか困難でした。ですから、どれだけ嫌な上司でも、とにかくガマンしなければなりませんでした。

参考になるかどうか分かりませんが、筆者がかつて、嫌な上司に遭遇したときの対処法を紹介します。

この上司は今でいうまさにパワハラ系の支店長で、筆者だけでなく中間管理職も被害を被っていました。

筆者は当時担当者でしたが、ある朝支店長室に入ると、中間管理職全員が支店長の机の前で土下座させられていました。

理由はともかく朝からこんな調子ですから、一日をどんな気持ちで過ごしたのかは容易に想像がつきます。

以前、一緒に仕事した上司に「嫌な人でも一つくらいは尊敬できるところがあるはずだ。だからそれを探してその点だけを考えて付き合え」と諭されたことがあります。筆者はこの支店長に遭遇したときにこの言葉を思い出し、何か尊敬できるところはないかと探しました。なかなか見つからなかったのですが、お客様への対応が迅速な点が良いと思ったので、そこだけを考えるようにしました。なお、この支店長のパワハラは人事部の知るところとなり、事件から3ヵ月後に更迭されました。

一方で尊敬できる上司も絶対にいます。この上司で良かったと思う人との出会いも必ずあります。

捨てる神あれば拾う神ありです。

尊敬できる上司に出会えることが、組織で働く大きなメリットです。

出世については上司と良好な関係を築くことをおすすめします。喧嘩をしても何らプラスにはなりません。むしろマイナスです。

上司は選べません。

困った上司と上手に付き合うことも、今後の私たちの人生にプラスになるでしょう。上司を単に人事上の権限を持っている人と考えるのではなく、一緒に組織で働く人と考えましょう。

いい人がたくさんいます。またきちんと私たちを見てくれている人もたくさんいます。心配は無用です。

■とにかく嘘をついてはいけない

嘘をつかないこと。これは金融機関での勤務に限りませんが、金融機関はお金を扱うところですから特にこのことは大切です。嘘はいつか必ず明らかになり、お客様とのトラブルを招きます。

誰だって仕事上でミスをします。どれだけ偉い上司でもミスをしたことは必ずあるはずです。ですから、ミスをしたときは嘘をつかず正直に話すことがとても重要です。嘘をつくことは自分自身に対する信頼を失うことにつながります。嘘をついてその場はしのげても必ず後で発覚します。

嘘をつく人、信頼されない人が出世するはずがありません。

ミスはミスとして素直に認めて正直に話せば必ず助けてくれる人が現れます。正直に話すことで、私たちへの信頼度が増すことだって大いにあります。嘘は出世にマイナスでしかありませんが、正直に話せばマイナスになることはないのです。

■報告はきちんと行う

支店でお客様を担当している、本部で事務の仕事をしているなど、担当職務の内容にかかわらず、報告すべき事柄は確実に上司に伝えましょう。
特にミスをしたとか、お客様から怒られたなど悪い事柄こそ確実にかつ早めに上司に報告しましょう。

良いことは報告が遅れても、悪いことは可能な限り速やかに報告します。報告したら上司から怒られるかもしれませんが、悪いことを速やかに報告できる人こそプロフェッショナルだと思ってください。

繰り返しになりますが、金融機関は組織で業務を行っており、私たちが行ったミスは組織のミスなのです。お客様に迷惑をかけたら、組織としてお詫びしなければなりません。

悪いことをきちんと報告することで、「あいつはきちんと報告ができるやつだ」と上司の信頼を得ることにもつながるのです。

■出世が遅れたらどうなる？

金融機関は比較的大きな組織ですから、毎年多くの新人を採用します。その中から、最終的に1割程度が支店長になります。

では、支店長になれなかった人はどうなるのでしょうか。世の中には出世競争に敗れるとリストラ地獄などひどい目に遭うなどのうわさがありますが、決してそんなことはありません。

金融機関にはさまざまな業務があるので、支店長になれなかった、出世が遅れたからといってリストラされることはありません。

大切なことは本人の意識です。

仕事のやりがいを感じるのは最終的にはポストではなく仕事の内容です。実際、支店長になれなかったからといって辞めていく人はほとんどいません。

COLUMN

資格と報奨金制度

金融機関の業務に役立つ資格としては、法務・税務・財務といったベーシックな資格の他に、ＦＰ（ファイナンシャルプランナー）、証券アナリスト、中小企業診断士、宅地建物取引士、行政書士、社会保険労務士、税理士、司法書士、などいろいろとあります。

これらの資格は、私たちの業務に直接関係しないものもありますが、資格に関連した知識は確実に業務の幅を広げ理解度のスピードアップを助けます。

金融機関のなかには資格の取得を推進するために報奨制度が設けられているところがあります。資格試験に合格すれば報奨金が支払われるのです。

合格すると受験料のみならず、参考書の購入費用などの出費を十分賄えるくらいの額がもらえると思います。

制度を活用して前向きにチャレンジしましょう。

支店と本部どっちがいい？

支店と本部のどちらがいいかは、本人の気持ちや考え方によるところが大きいですが、出世だけを考えれば本部勤務の方が有利かもしれません。

支店勤務だと一番偉い人は支店長です。一方で本部勤務では、所属部署の部長は役員など少なくとも支店長より上位の人が就いています。そのため、人事評価において有利に働くことがあるのです。

もっとも、失敗したら逆に大きなマイナス評価になりますから、それはそれで大変なのですが…。

要するに、支店勤務か本部勤務のどちらがいいかは、私たち個人が何をやりたいのかにかかってきます。一日の大半の時間を過ごす仕事。できることなら自分がやりたい有意義な時間にしたいものです。

第４章 出世するということ

第5章●転勤と行内の人間関係

■転勤しない人はいない

金融機関に就職すると必ず転勤があります。

人によりますが、おおむね3年くらいで定期的に転勤します。

「せっかく支店に慣れたのに…」「せっかく担当するお客様と仲良くなれたのに…」などと思うこともありますが、金融機関で転勤しない人はいません。

転勤先は近くの支店の場合もあれば、引越を伴う遠方の場合もあります。

転勤にはいろいろな意義がありますが、左頁の図は代表的な転勤の意義や効果を示したものです。

支店には母店のような大きな店もあれば、個人取引などに機能を絞った小規模な店などいろいろな規模の店があります。

現在、個人中心の小規模な店に勤務しているとして、転勤により大企業や中堅企業

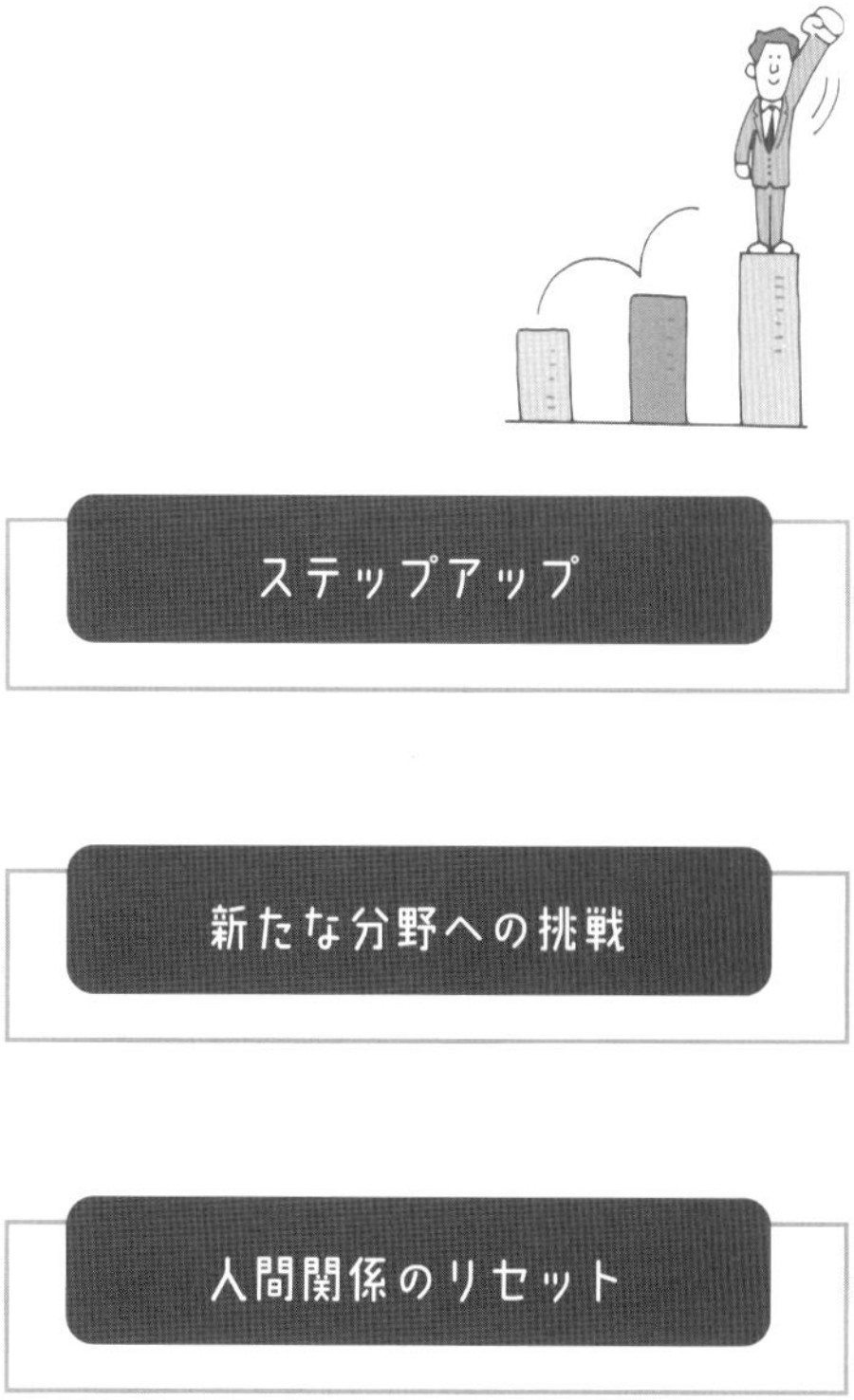

が中心の大きな店に異動することで、私たち自身のスキルを幅広いものにすることが可能となります。また、支店から本部に異動することにより、組織運営といったスキルも学ぶことができます。

このように、転勤は自身のスキルアップを可能にしてくれるのです。

転勤は慣れた職場から慣れない環境の職場への異動ですから、不安もあるでしょう。しかし、その不安も時間の経過とともになくなります。

新しい環境に順応することで私たち自身のステップが上がり、さらなる発展に向けた素地ができ上がるからです。

転勤はぜひ自身のステップアップに必須のものと前向きに考えましょう。

■新たな分野に挑戦するチャンス

先ほどと重複しますが、転勤により新たな分野に挑戦することができます。

例えば支店勤務から本部勤務への転勤。

支店はお客様と向き合う最前線の部署ですが、本部は金融機関自身の組織運営を担う部署です。また本部には特定の業務を専門的に扱う部署もあります。


個人の富裕層向けの業務を行っていたある担当者は、業務を続けるうちに富裕層向けの商品開発に興味を覚えるようになりました。

そこで、支店長との人事面談で商品開発に関心があると話したところ、その後、金融機関の富裕層取引をとりまとめる部署に転勤になりました。

富裕層取引の推進で支店のサポートや、本人が関心を持っていた商品開発を担う部署です。この異動により彼の富裕層取引に関する知識にはさらに磨きがかかることでしょう。


また、ある女性はテラーとして窓口業務を担当していました。彼女が勤務していた支店は周辺に企業が多く、来店客も企業関係者が少なくありませんでした。

そこで窓口で企業関係のお客様に接しているうちに、いつの日から彼女は直接このような企業を担当したいと考えるようになりました。

やはり、支店長との人事面談で企業を担当したいという思いを伝えると、その後企業を担当する渉外課に異動になりました。

このように、転勤により現在の担当業務をより深く掘り下げる、あるいは今まで経験したことがない新しい業務にチャレンジできるのです。

■人間関係をリセットできる

この「人間関係をリセットできる」というテーマはやや特殊かもしれませんが、転勤の副次的な効果とも言えるものです。

新しい部署に転勤するとほとんどは知らない人ばかりです。時々昔の部署で一緒だった人が少し重なる程度です。最近の若手は人間関係で悩む人が多いと聞きます。

なかには人間関係が理由で辞めていく人もいます。


転勤は人間関係をリセットできる良い機会です。

実際、金融機関に限らず同僚や上司には肌が合う人も合わない人もいます。一緒に働きたくないと思う人もいるかもしれません。

しかし、転勤で一緒に働きたくない人がいなくなります。自分自身が転勤すればその人と別れることができます。

転勤にはこのような副次的な効果もあるのです。


かつて筆者が金融機関に就職した頃、転勤は男性のみで女性は対象外とされていました。特に事務担当の女性は、何十年も同じ支店で勤めていて、転勤とは無関係でした。

ところが、現在は事務職も含めて全員が転勤します。そして同じ支店や部署には最長でも5年までといった一つの目線があります。

5年以上継続して同じ部署にいるのは、例外と考えて差し支えありません。

■自ら転勤を志望できる時代に

転勤はどちらというと受け身の感じがしますが、別の項でも説明したように、支店長との人事面談で転勤の希望を申し出ることもできるし、取り組みたい業務に公募する制度なども存在します。

つまり、自らが能動的に転勤することができるのです。

金融機関においても最近では働き方改革が声高に叫ばれるようになっています。

従来の勤務スタイルにこだわらずに行職員一人ひとりが自由度の高い働き方を目指していく方向です。

やりたい業務に公募する制度もこの働き方改革の一環と言えるでしょう。

自分がやりたい業務に積極的にチャレンジしていく、このような働き方がやりやすい風土に金融機関は変わりつつあります。

■人間関係は一般の社会と同じ

金融機関だからといって特別なものではなく、一般の社会と同じような人間関係があります。金融機関の人間関係は一般社会の縮図です。

しかし、一般社会では嫌な人がいても、その人を避けることができます。ところが金融機関の組織で働く以上、嫌な人がいても避けることができません。

ただ、人間関係の悩みは誰でもあります。あなた一人だけではありません。好き嫌い、肌が合わない相手は誰にでもいます。

決してあなた一人だけの問題ではないのです。

■人間関係に悩んだときは…

ここでは支店に勤務していて、先輩との人間関係に悩んでいる前提でお話します。

先輩は事務処理の要としての役割を担っています。先輩に背を向けられると、お客様から依頼された手続きがうまく進まない可能性があります。

人間関係に悩んでいるときに一番避けなければならないことは、自分一人だけで悩みを抱え込むことです。

そんなときは次のように行動してみましょう。

①上司に相談する

まずは自分の上司に悩みを打ち明けましょう。

先輩との人間関係に悩んでいるのはあなただけではなく、他にもいるかもしれません。悩みを受け止めた上司は支店長や先輩に話をしてくれます。

部下の悩みを解決することも管理職の職責の一つです。先輩との人間関係が悪化するようなことにはなりません。臆せず上司に悩みを相談してみましょう。

②相談機関に相談する

上司に相談をしても悩みが解決しないようなら、組織内の相談部署に話してみるのも一つの方法です。

金融機関によって異なりますが、人事部には相談窓口が設置されています。そして、面談以外にも電話やメールなどの方法があり、相談者のプライバシーが守られるように配慮されています。

繰り返しますが、人間関係の悩みは誰にでもあります。決してあなただけではありません。

もちろん人間関係の対応に強い人もいれば弱い人もいるでしょう。あなたが人間関係に弱いのなら、遠慮なく上司や相談機関にその悩みを打ち明けましょう。

せっかく金融機関という立派な組織に就職したのです。組織は冷たいと言われることもありますが、温かいところもあるのです。あなたの悩みを打ち明けられた上司や相談機関は、必ずあなたの味方になってくれます。
組織は私たち個人を守るためのものでもあるのです。安心してください。

COLUMN

担当者募集

かつて、転勤は自分から希望するものではなく、支店長などの上司から伝えられるものでした。しかし本文でも触れましたが、金融機関によっては公募制度が設けられています。

制度の内容は次のようなものです。

・支店長を募集
・決済システム開発担当を募集
・法人営業担当を募集

・人事研修担当を募集

・各グループ会社への出向

このように、それぞれの業務の担当者を募集するのですが、応募する人は少なくありません。転勤は自ら積極的に獲得するようになりつつあります。

■絶対にしてはいけない

金融機関で働くうえで決してやってはいけないことがあります。これらを行うと、叱責や降格どころか懲戒解雇などの厳しい処分を受けることもあります。

そこで代表的なものをいくつか紹介します。

■仕事の握り込み

金融機関に限ったことではありませんが、仕事の握り込みをしてはいけません。握り込みとは一人で抱え込んでしまうことです。

例えば、担当企業からお金を貸してほしいと融資の相談を受けたとします。その依頼に何も対応せずに放置すると、その企業は資金繰りに行き詰まり最悪倒産してしまうかもしれません。

もちろん融資には審査があるので、必ずしも希望通りになるとは限りませんが、何も対応しないのは最悪です。

どうして良いのかわからない

忙しく手が十分に回らない

このように仕事を握ってしまう原因は2つあります。

一つはどう対応したらよいのか分からずに、そのまま放置してしまうケースです。

しかし、分からなければ先輩や上司に聞けばいいのです。

上司や先輩は、部下や後輩からの質問には答える義務があります。

いつも忙しくしているかもしれませんが、「お手すきのときに相談させていただきたいことがあります」などと言ってとにかく話をします。聞かれた上司や先輩は決して嫌な気持ちになることはないでしょう。


分からないまま放置していれば、その責任はすべてあなた一人にかかってきます。しかし、相談すればあなたの責任は少なくとも半減、実際にはほとんどなくなります。

分からないことがあったら躊躇せずに質問しましょう。

特に金融機関に就職して間もない頃は、何かと分からなくて当然です。これを聞くのが、新人の仕事であり権利であると理解してください。

もう一つは忙しくて手が回らないので、そのまま放置してしまったケースです。これについても一人で抱え込むことは厳禁です。忙しいならその旨を上司や先輩に打ち明けて、具体的な対応策を指示してもらいましょう。

■資金繰り破綻による着服

金融機関はお金を扱う業種ですから、そこで働く私たちは自分自身の資金繰りを健全に維持しておかなければなりません。

多額の借金などはもってのほか、ローンの返済が遅れることも論外です。

昔、筆者が勤務していた支店である事件がありました。預金係がATMから現金を抜き出していたのです。月に1回の現金検査で発覚したのですが、預金係は多額の借金を返済するために100万円着服したのでした。

あと1年くらいで定年なのに、懲戒解雇となったため退職金はまったく支給されませんでした。

その人が今、どのような生活をしているのか知る由もありませんが、金融機関で働く以上、健全な財政を心掛けなければならないという教訓になりました。

■行職員間のお金の貸し借り

また、行職員同士であってもお金の貸し借りは行わないようにしましょう。

ここでも筆者の経験を紹介します。


金融機関に就職して3年目のとき、独身寮の同じ支店の先輩から「悪いけれど10万円貸してくれないか」と頼まれました。その先輩には仕事で面倒をみてもらっていたこともあり、断りきれずに10万円貸しました。

それから2週間ほどが経ったある日、出勤すると支店長から「○○（先輩）に金を貸しただろ。いくら貸したんだ」といきなり詰問されました。

後で分かったのですが、先輩は多額の借金をしており、その返済が滞っていたことが支店長の耳に入ったのでした。

支店長は「金融機関で働いている以上、信用が第一なのだ。断り切れなかったのだろうが、先輩・後輩の間でも、お金の貸し借りは絶対にダメだ。そんなことがきっかけで金銭感覚がおかしくなったら、自分自身の信用をなくすことになる。そうなったらここで働けなくなるぞ」と厳しく叱責されました。

このように、個人間のお金の貸し借りでも金融機関の行職員として最も重要な信用を失う恐れがあるため、厳に慎まなければなりません。これはひいては自分自身を守るためなのです。

■不健全な男女関係

男女関係、これも注意しなければなりません。

金融機関は比較的職場結婚が多いと言われています。職場結婚をすることにまったく問題はありません。

しかし、金融機関に限ったことではありませんが、健全な男女関係はマルでも、不健全な男女関係はバツです。

これも実際にあった話です。

一つは、既婚の中間管理職の男性が部下の女性と付き合っていたという話で、いわゆる不倫です。

もう一つは、既婚の支店長が既婚のパートの女性と不倫関係となり、女性の夫が支店に怒鳴り込んできたという話です。

個人の問題ではあっても、やはり命の次に大切なお金を扱う金融機関の信用に関わることです。先ほどのお金の貸し借りと同じで、信用には大きなマイナスになってしまいます。ちなみに行職員同士でなくても同様です。

このような不健全な男女関係が発覚すると、厳しい人事上の処分が待っています。

■お客様との深すぎる関係

これも注意が求められます。

渉外課のある担当者は取引先の社長に気に入られ、その会社との取引で実績を上げ営業目標をクリアしていました。そして、業務以外にも社長と飲食をともにして、ゴルフにも同行していたほど親密に付き合っていました。

あるとき、社長から個人的にカードローンを申し込みたいと頼まれて手続きをしたところ、審査が通りませんでした。

社長にその旨を伝えたら、普段から営業上の便宜を図ってあげているのだから、何とかして欲しいと強く頼まれました。

担当者としては社長のおかげで営業成績を上げているし、時々ご馳走にもなっているので、断りきれず「何とか頑張ってみます」と言ってしまいました。

もちろん審査の結果が覆ることはありません。

困った担当者は自分の貯金を崩して社長に渡したのですが、その事実が上司の知るところとなり懲戒解雇になってしまいました。


担当先のお客様と仲良くなることは悪いことではありません。お客様と親密になったからこそ、営業成績が上がることも現実にはあることです。しかし絶対に忘れてはいけないのは、金融機関とお客様とは時と場合によっては利害が対立する関係にあるということです。


分かりやすいのが融資取引です。

融資取引では貸し手である金融機関は債権者、借り手であるお客様は債務者です。

債権者と債務者はまったく相対する関係です。

債務者であるお客様が融資金を返済できなくなると、債権者である金融機関は最後には法的措置によって債務者や保証人の資産を差し押さえて強制回収します。こうなると完全な対立関係となります。

ですから、お客様とは一定の距離を保った関係でいる必要があります。お客様から個人的な飲食の誘いを受けた場合は勇気をもって断りましょう。誘いを断られたことでお客様は気分を害するかもしれませんが、結果としてこれよりはるかに大きなものを失う危険があります。最後は自分の首を絞めかねないのです。

■お客様情報の漏洩

私たち金融機関の行職員は、業務を通じてお客様のさまざまな情報に接します。お客様の名前や生年月日などの個人情報に止まらず、資産や負債の状況、会社の業績など、他人には知られたくない情報まで接することになります。

なぜこのような情報に接することができるかといえば、金融機関と私たちがお客様から信頼されているからです。

どれだけお金を持っているか、どのくらいの借金があるのか、収入はどの程度なのかといった他人に知られたくないお客様の情報は、決して同じ金融機関以外の人、家族とか友人を含めて話してはいけません。

また、仕事帰りに仲間と飲みに行ったときに、アルコールの勢いに任せてお客様のことを話してはいけません。

これもれっきとした情報漏洩になります。

最近ではあまりありませんが、かつて、お客様に関する資料の入ったカバンを電車の網棚に置き忘れる事件がありました。

これも情報漏洩です。

拾った人にお客様の情報が悪用されないとも限りません。さらに、お客様のことを他のお客様に話すことも情報漏洩です。

情報漏洩はお客様の信頼を裏切る行為です。

決して行ってはいけないのです。

■暴力行為

暴力行為は今では一発でアウトです。

筆者が就職した頃は暴力とまではいけれど、上司に顔を平手打ちされる、灰皿を投げつけられる、資料を放り出されるなどのことはありました。

しかし、当然ですがこのような行為は厳禁です。

もちろん暴力は一般社会でも許されないことです。

団体自治といって団体の中では一般社会のルールとは異なり許されることもあります。しかし、ここでも暴力が許されることはありません。

理由のいかんにかかわらず暴力を振るったら、その時点で一発アウトです。よく覚えておいてください。

■金融機関の行職員としての無自覚

金融機関に就職する前に、金融機関で働いている人にどんな印象を持っていましたか。おそらく「信用」という二文字ではではないでしょうか。

そうなのです。私たちは金融機関に勤めていることで世間の人々から大きな信用を得ています。このことは、世間からある種の監視をされていることになります。

これは実際にあった話です。

ある金融機関の行職員が、仕事帰りに居酒屋で飲んでいたときに、酔いも手伝って大声で騒いでしまいました。

翌日、その金融機関の本部に「昨日、お宅の行職員が大声を出して酒を飲んでいた。金融機関の行職員としてみっともない。きちんと教育しなさい」というクレームの電話が入ったのです。

飲んでいる最中に金融機関名を出したかどうかは分かりませんが、周囲の人に金融機関名が特定できる行動が何かあったのでしょう。世間の行職員に対する目は厳しいのです。

いずれにしても、私たちは世間の人たちからは高い信頼を得ており、この信頼こそが金融機関の存立基盤なのです。

信頼を裏切るような行為はたとえプライベートであっても慎まなければなりません。

■信頼を傷つけること

やってはいけないことをいくつか紹介しましたが、共通していることは「信頼」というキーワードです。

くどいようですが、金融機関は信頼の上に成り立っています。信頼を失えば金融機関としての業務は成り立ちません。やってはいけないことの共通点はその信頼を傷つけることです。

信頼を傷つけるようなことを行った場合、厳しいペナルティが待っていることを強く意識しておいてください。別の言い方をすれば、お客様から高い信頼を得ている私たちの業務は大変誇り高いものだと思います。

人から信頼されて仕事ができることは大変幸せなことです。その信頼を傷つけるような行為は厳に慎まなければなりません。

第7章●簡単に辞めてはいけない

せっかく金融機関に就職したのに早い時期に辞める人がいます。「思い描いていたことと実際は違った」など、理由は人それぞれですが、余程のことがない限り簡単に辞めてはいけません。

というのも、金融機関を辞めてよかったと思う人が少ないからです。むしろ「辞めなければよかった」「戻りたい」と後悔している人の方が多いのではないでしょうか。

そこで、金融機関を辞めるきっかけと筆者の考え方を紹介します。

■いつも忙しいから

金融機関に勤めている行職員を外から見ると、給料は高いし優雅な時間を送っているイメージがあるかもしれません。ところが、日々業務に追われて忙しいというのが現実です。

しかし、一年中多忙なわけではありません。忙しい中にも一息つける時期はあります。また一部の職種を除いて、勤務はカレンダー通りです。土日と祝日は必ず休みで休日出勤もありません。仕事が深夜に及ぶことも滅多にありません。

- いつも忙しいから
- ノルマが厳しいから
- 飲み会などのつきあいが多いから
- 人間関係が面倒だから
- 出世競争が激しいから
- ルールなどが厳しいから

他の会社に行けば忙しさから解放されるのでしょうか。

総じて金融機関での勤務は他の会社に比べて恵まれています。毎日時間を持て余す日々を送るよりも、忙しく過ごしていることの方が充実した生活を送ることができます。

仕事があり忙しいのは嬉しいことなのです。

ただ、多忙すぎて業務を十分に回せないような場合は、遠慮なく上司に相談しましょう。上司、つまり管理職は組織がうまく動くように配慮するのが重要な役割の一つだからです。

多忙のあまり体調を崩すような働き方をしてはいけません。

すぐに上司に相談しましょう。解決に向けて動いてくれるはずです。

■ノルマが厳しいから

営業関係の業務に就くと目標、いわゆるノルマがあります。

金融機関のノルマは厳しく、新人だからといって甘くないという評価がありますが、そんなことはありません。

ノルマというと投資信託の獲得目標、クレジットカードの獲得目標、融資やローンの獲得目標など営業に関するものを思い浮かべると思います。しかしこのノルマは決して営業特有のものではありません。

例えば、支店の後方事務担当にもノルマはあります。ミスをしない（年間５件以内など）、事務効率化の提案件数といったものです。

また、本部には支店などの営業拠点にノルマを課す側といったイメージがあるかもしれませんが、本部にもノルマがあります。

支店などの営業拠点に対する勉強会の開催、業務手続きの効率化提案、新商品の開発などです。

かつて筆者は営業の実績が上がらないときがありました。きっと苦しそうな顔をしていたのでしょう。

それを見た上司から「昼飯食べたのか。ちゃんと食べないとダメだぞ。数字は所詮数字だから。できなくてもたいしたことないから、飯を食ってこい」と言われたことがあります。

日頃厳しく詰めてくる上司にも建前と本音があります。上司のこのひと言で随分と気が楽になりました。

数字がなかなか上がらないときも、すんなりと上がるときもあります。

ノルマの達成状況に一喜一憂する必要はありません。

他の会社でも営業部門にはノルマや目標はあるので、必ず数字に追われることになるはずです。

なお、最近では厳しいノルマをクリアしようと、行職員が不正を働く事件が起きています。そのため、大手金融機関では個別の目標、つまりノルマを廃止したところもあります。かつてのようなノルマ達成を厳しく問い詰める風土は徐々になくなりつつあります。

しかし、ノルマがあるからこそ一所懸命に取り組むという側面もあります。そして目標を成し遂げたときの達成感は、その人しか味わえない何ともいい気分です。この達成感こそ、明日からの仕事への意欲になるのです。

目標がなかなか達成できないときには、恥ずかしがらずに上司に相談しましょう。自分一人で抱え込む必要はありません。

上司には部下の目標達成をサポートして組織全体の数字を達成する責務がありま す。部下の相談に応じることは上司の重要な職務なのです。

■飲み会などのつきあいが多いから

仕事が終わってちょっと一杯というのは、金融機関に限った話ではなく、どこの世界でもあることです。

しかし最近では若手ほど、このつきあいを嫌う傾向が強くなっています。そのため、以前のように強制するような風潮はなくなりつつあります。行きたかったら行けばよい、行きたくなかったなら行かなくてもよいのです。

つきあいが多いという理由で転職しても、転職先の会社でもつきあいはきっとあるでしょう。金融機関特有の事情ではありません。

人事異動があると送別会が開催されます。

以前、送別会はよほどの事情がない限り欠席できないという風潮でしたが、現在では事前に出欠を聞くようになっています。また欠席しても「なぜ来ないのか?」などと詰問されることはありません。

送別会は業務外のことなので、個人を拘束しない傾向に変わってきています。

■人間関係が面倒だから

金融機関は組織で業務を行っています。行職員が単独で行える業務はまずないといっても過言ではありません。そのため、他の行職員のサポートを求める場面が多く、自然と人間関係が構築されていきます。

この人間関係は他の会社でも同じことですし、会社に限らず社会で生きていくには人間関係から解放されることはありません。しかし最近、人間関係に悩んで金融機関を去る若手が少なくないと耳にします。

もし人間関係に悩んだら、人事部などに設置されている相談窓口に話してみましょう。解決に向けて真剣に考えてくれます。

■出世競争が厳しいから

金融機関は毎年多くの新卒者を採用しています。同期の人数が多ければ多いほど、いわゆる出世競争は激しくなります。もちろん、これも金融機関に限った話ではありません。

金融機関に入ったら一度は支店長になりたいと多くの人が思っているでしょう。しかし、なれるのは同期の1割程度です。残りの9割の人は支店長になることなく金融機関での行職員人生を終えることになります。

ただし、支店長になれなくても、その人たちが憤懣やるかたない気持ちで、不幸せな人生を送るわけではありません。これは前述したとおりです。

また、出世がらみで足の引っ張り合いをすることはありません。出世に縁がなくても職務にやりがいをもって業務に邁進している行職員はたくさんいます。

出世が社会人人生のすべてではありません。

人との出会い、さまざまな知識の吸収、そして大切な機会を仕事から得ることができるのです。

■ルールなどが厳しいから

金融機関はお金を扱っていますから、職場のルールは一般社会に比べたら厳しいところはあります。行動規範や身だしなみなどを指摘されることもあると思います。

ただし少しずつですが、金融機関のイメージは変わりつつあります。


例えば服装についてです。

金融機関の行職員の服装は、最近まで男性はスーツ、女性は制服というのが定番でした。また、かつて男性の髪形は七三分けでなければならないと言われていたときもありました。

しかし、現在では頑なにスーツにこだわるところは少なくなってきています。大手金融機関では服装について男性、女性問わず自由なところもあります。カジュアルな服装が認められているのです。

もちろん常識的な歯止めはありますが、スーツ、制服に限定されていた時代に比べたらまさに革命とも言える変化ではないでしょうか。


ところで、このルールですが何のために存在しているか知っていますか?

一例として金融機関には事務手続きに関するルールがあります。実に細かく規定されていて嫌になることもあります。

しかしこのルールは、過去から現在までに至るさまざまなトラブル事例や効率化などを総合的に調整したうえで制定されています。そしてこのルールに則った手順を踏んでいる限り、私たち個人が責められることはありません。

仮にお客様とトラブルになったとしても、定められた事務手続きに則って対応している限り、金融機関という組織はあなたを守ってくれます。ルールは基本的に金融機関とそこで働く行職員を守るためにあるのです。

また、ルール以外に金融機関の行職員としての規範があります。例えば飲み会では決して泥酔してはいけないといったものです。プライベートなことなので関係ないと言えばそれまでですが、前述のように、現実には泥酔してトラブルになることがよくあります。

世間は金融機関の行職員には高い倫理規範を期待しています。

これは、例えば休日のプライベートな時間であっても金融機関に勤めている以上はやむを得ないことです。

泥酔してトラブルになると、全店舗・全拠点に注意通達が発せられます。節度ある行動をするようにとの内容です。こういった通達が発せられたにもかかわらず、同様のトラブルを起こすと、その後には厳しいペナルティが待っています。

もう一度言います。

ルールや規範は金融機関と私たち行職員を守るために存在しています。決して職員を過度に拘束することを目的としているわけではありません。

■相談して環境を変える努力を

ここでは、金融機関を辞めたいと思ういくつかの理由を取り上げました。

筆者の周囲でも就職して5年以内に去っていった行職員が少なくありません。

公認会計士になりたいという目標のために去っていった人もいますが、多くの場合、特に明確な目標があるわけではなく、業務上での嫌なことをきっかけに安易に退職していています。

ところで、退職した人がその後充実した社会人人生を送れているかというと、必ずしもそうではないようです。退職後に話してみると、「とても大変です」「できれば金融機関に戻りたい」とこぼす人も少なくないのです。

金融機関の内部で起こったり、感じたりすることは何も金融機関だけの固有事項ではなく、どこの会社でも普通に発生していることです。ですが、金融機関は比較的問題解決の姿勢が優れています。

お金を稼ぐことは楽なことではありません。苦労もあるでしょう。しかし、金融機関という組織の行職員に対する思いやりはあると思いますし、さまざまな制度も充実しています。

簡単に辞めてしまうのではなく、周囲に相談しながら少しずつ環境を変えていきましょう。

第8章●よくある質問への回答

金融機関に勤めていると、いろいろな疑問や不安があると思います。そこで、よくある質問をピックアップして答えていきます。

■休暇は取りやすいの？

かつて、金融機関では7、8月の夏休み休暇以外は休みが取りづらい雰囲気がありました。仮に取れても容赦なく電話連絡をしてくる上司がいて、職場にいた方が気持ち的に楽だったこともありました。

しかし、これは昔のことで、現在では休暇は十分に取れるようになっています。年間に15日以上の休暇を取るように内部通達を出している金融機関もあります。

もちろん、職場の全員が同じ日に休むわけにはいかないので調整は必要です。また、休暇を取ると他の担当者の負担になる可能性があるので、休暇前に仕事の整理をしておくなどの配慮は必要です。

■残業は多いの？

残業もかつてとは随分イメージが変わりました。

職場や担当業務によって異なりますが、朝は8時に出勤し、職場を後にするのは17時から20時くらいでしょうか。

昔は長時間働くことが「頑張っている」と評価されましたが、今は決められた時間にいかに効率よく業務を行うかが評価されやすく、長時間の労働が美化される時代は終わっています。

したがって、かつてより残業時間は大幅に減っています。もっとも業務量は変わらないので、いかに効率よく業務をこなして実績を上げるかという、真の実力が問われています。

残念ながら、残業が減っても仕事が楽になるわけではないのです。

■夜のつきあいは多いの？

かつては上司と飲みに行くのは仕事の一部といった風潮がありましたが、現在では上司は部下を無理に誘ってはいけないと指導されています。

例えば、年度末は業務が終わると全員で打ち上げをするのが恒例で、打ち上げに欠席することは許されない雰囲気がありました。しかし、現在は事前に出欠を確認するうえ、欠席者に理由を尋ねてはいけない空気すらあります。

このように、無理強いされることは相当に少なくなり、嫌なら嫌と意思表示できる風土に変わりつつあります。

■休日出勤はあるの？

休日出勤はよほどのことがないとありません。

休日は休日としてプライベートな時間を確保することができます。もっとも、休日に「資産運用相談会」などを実施している支店はありますが、出勤した場合は必ず振替休日を取ることができます。

■転勤は拒否できるの?

転勤は業務命令ですから、原則として拒否することはできません。しかし、親の介護が必要などの事情があれば、相談のうえで転勤が見直されることはあります。もっとも、このような個別の事情がある場合は、事前に支店長などとの人事面談の機会に伝えておくことが望ましいでしょう。

金融機関としても個人の事情に可能な限り配慮し、転勤を検討してくれます。

■仕事中に病院には行けるの?

仕事中に具合が悪くなる、あるいはケガをしたら病院に行きましょう。

ただし、緊急の場合を除き上司に病院に行くことを告げましょう。無断で通院すると「○○さんがいない」などと職場で騒ぎになるかもしれません。

■サービス残業はあるの？

かつてサービス残業が世間で取り上げられたことがありましたが、現在ではほぼないと言っても過言ではありません。

例えば、業務では自分専用のパソコンにログインして金融機関のサーバーにアクセスして業務をするのが一般的だと思います。

金融機関により時間外の管理方法は異なると思いますが、パソコンのログイン時間やログアウト時間と時間外の申告時間が乖離していないか管理されています。つまり、ログイン時間とログアウト時間から30分以上乖離《かいり》しない範囲で時間外勤務を申告するように管理がされているのです。

要するに、実際の労働時間を申告するようになっているのです。

■産休や育休は取れるの？

産前産後休暇や育児休暇の制度は充実しています。これらの制度休暇を取得しない女性はいないのではないでしょうか。

最近では男性の育児休暇取得も進んでいますので、安心して産前産後休暇や育児休暇を活用できると思います。

■もしパワハラを受けたら？

パワハラは今では少なくなっていますが、それでもゼロではありません。

もしパワハラを受けるようなことがあったら、人事部などに設けられているパワハラ被害の窓口に直接相談することができます。

また内部で相談しづらいような場合は、弁護士など外部の機関に相談できる体制を備えている金融機関もあります。

■住宅ローンは職場で借りないといけないの？

住宅ローンを借りる場合、勤務している金融機関を利用しなければいけないという規定はありません。むしろ他の金融機関の住宅ローンを利用する行職員の方が圧倒的に多いと思われます。

その理由の一つは、社員割引のように金利が優遇されることはないうえ、他の金融機関の方が金利などの条件が良いことが多いからです。ですから、条件が有利な他行の住宅ローンを利用することにはまったく問題ありません。

いま一つの理由は、自分が勤務している金融機関でお金を借りたくないという心理からです。他行で借りる理由としてはこちらの方が大きいと思います。

■会社の寮には入れるの？

金融機関の寮に入れるかどうかはそれぞれの金融機関の事情によります。ただ、自宅から通勤ができないところに勤務するような場合には、寮に入ることができると思います。

かつて寮と言えば、金融機関の所有もしくはすべての部屋を金融機関が借り上げていましたが、今では個別に金融機関が借り上げるタイプが一般的です。

ですから、寮である賃貸マンションのすべての部屋に同じ金融機関の行職員が入居しているわけではありません。

勤務地を希望できるの?

メガバンクのように全国に支店があるような金融機関では、勤務する地域を限定できる制度が設けられています。

また、就職の際に地域を限定しない希望であっても、途中で地域限定に変更できるなど柔軟な制度としている金融機関が増えています。

個人の事情に応じて選択が可能な時代になっていると言えるでしょう。

■部店旅行は参加しないといけないの？

かつて、親睦を深める目的で部や支店単位での旅行が実施されていました。そこでは、普段見られない姿に接するなど新たな発見もありました。

しかし、「なぜ休日に職場の人と会わないといけないのか？」といった声が徐々に大きくなり、現在では部店旅行を行わない金融機関が多いと思います。仮にあっても以前のような強制力はなく、希望する人が参加すればよいという位置付けになっています。

ですから、不参加であっても特に問題はないでしょう。

■独身だと出世に不利なの？

独身だからといって出世に不利になることはありません。

結婚すると落ち着き、家族があるから無謀なことはしないから安心だと言われた時期もありましたが、独身が出世に影響することはありません。
また、離婚したからといって出世にマイナスになることもありません。

■出身校で出世に差はあるの？

出身校がどこかによって就職するときには一定の違いがあります。つまり出身校ごとに採用人数を定めているケースです。しかし、入行後は出身校の違いによる出世への影響はまったくありません。

時々テレビドラマなどで出身学校閥などが伝えられていますが、少なくとも今ではドラマの世界だけではないでしょうか。

おわりに　充実した社会人を目指して

金融機関に就職すると、一日の時間の多くを仕事に費やすようになります。仕事とプライベートの両立などとよく言われますが、仕事とプライベートは切り離して考えることは難しいと思います。

筆者は仕事が充実していればプライベートも充実しますし、仕事が充実していないとプライベートも何か面白くありません。

皆さんはいかがですか？

～やりたい仕事の目標を持つ～

ともかく、一日の多くの時間を費やす仕事はできるだけ充実して楽しいものにしたいですよね。嫌々仕事に一日の多くの時間を費やすのは避けたいものです。

充実した仕事人生を送るには、やりたい仕事の目標を持つことが大切です。充実した仕事時間を過ごすには、自分がやりたい業務を行うことが近道でしょう。

金融機関に就職しようと考えている方、就職して間もない方はやってみたい仕事や目標を持っているのではないでしょうか。そのような業務を担当できれば、充実した仕事の時間を過ごせる可能性が高くなると思います。

もっとも、就職してすぐに希望する業務に就くことはできないでしょう。最初は現場である支店に勤務したりして、すぐに取り組んでみたい業務ができるわけではないのです。

金融機関は大きな組織ですから、実にいろいろな業務があります。正直、関心が薄い業務もあるでしょう。

しかし、取り組んでみたい業務や関心が薄い業務もそれぞれ独立しているわけではなく、金融機関の業務としてはどちらも欠かせないものです。すべての業務が何らかの関係でつながっているのです。

また、どちらの業務も共通点があり、取り組んでみたい業務の基礎として必須だったりします。

したがって、仮に関心が薄い業務であっても決しておろそかにすることなく取り組みましょう。どんな業務でも面白いところが必ず見つかります。

～どんな仕事にも正面から取り組む～

そして大切なことは、常に自分が取り組んでみたい業務への目標を持つことです。支店長などとの人事面談の機会に、ぜひ将来やりたい業務を積極的にかつ遠慮なく訴えてください。

また金融機関によっては、公募制度が設けられているところもあります。自分が取り組んでみたい業務が公募されていれば、それに応募する機会を積極的に利用しましょう。

仕事をしていくうえでは面白くないこともあります。気乗りがしない業務に就くこともあるでしょう。ただ繰り返しですが、どのような業務でも金融機関としては欠かすことができない業務であり、それぞれ大きな意義があります。片手間ではなく、正面から取り組むことで現在の業務が面白くなることも大いにあります。

どのような業務であっても、それを正面から取り組んでいるあなたの姿を見てくれている人は必ずいます。

本当に必ずいます。

常に取り組みたい仕事の目標を持ち続けてください。

金融機関の仕事は付加価値が高く、多くの時間を費やす価値ある仕事なのです。

●著者略歴●

井村　清志（いむら・きよし）

1965年生まれ
大学卒業後、メガバンクに入行し、支店および本部の部署を担当。支店では渉外から融資審査、融資管理担当まで幅広い融資業務に従事。現在、支店の推進役として活躍中。

先輩行員が説く　入行１年目の教科書

2021年11月12日　初版発行

著　者――井村 清志
発行者――楠 真一郎
発行所――株式会社近代セールス社
〒165-0026　東京都中野区新井２-10-11　ヤシマ1804ビル４階
電話：03-6866-7586　FAX：03-6866-7596

イラスト・装丁―――伊東ぢゅん子

印刷・製本――株式会社木元省美堂

ISBN978-4-7650-2326-9